D1877572

निबन्ध-दशक

निबन्ध-दशक

सम्पादक
सरस्वती भल्ला
प्रोफेसर, हिन्दी विभाग
हिमाचल प्रदेश विश्वविद्यालय
शिमला

वाणी प्रकाशन

वाणी प्रकाशन
4695, 21-ए, दरियागंज, नयी दिल्ली 110 002
शाखा
अशोक राजपथ, पटना 800 004
फ़ोन: +91 11 23273167 फ़ैक्स: +91 11 23275710
www.vaniprakashan.in
vaniprakashan@gmail.com

NIBANDH-DASHAK
Edited by Saraswati Bhalla

ISBN : 978-93-5000-193-6
Essays

© सुरक्षित
संस्करण 2010
आवृत्ति 2011
मूल्य : ₹ 45

इस पुस्तक के किसी भी अंश को किसी भी माध्यम में प्रयोग करने के लिए प्रकाशक से लिखित अनुमति लेना अनिवार्य है।

आर. टेक ऑफ़सेट, दिल्ली-110095 में मुद्रित

वाणी प्रकाशन का लोगो मक़बूल फ़िदा हुसेन की कूची से

प्राक्कथन

प्रस्तुत संकलन स्नातक स्तर के विद्यार्थियों की आवश्यकता को ध्यान में रखकर तैयार किया गया है। निबन्धों के इस संकलन में हिन्दी के आदि-निबन्धकार से लेकर वर्तमान काल तक के निबन्धकारों की रचनाओं का समावेश किया गया है। यद्यपि निबन्ध-संग्रह की अपनी सीमाएँ हैं तथापि विभिन्न निबन्ध-प्रकारों का तथा हिन्दी निबन्ध की विभिन्न धाराओं का इसमें प्रतिनिधित्व करने का प्रयास किया गया है। अपने शैशवकाल से लेकर आज तक निबन्ध-साहित्य विभिन्न परिवर्तनों से गुजरा है। विभिन्न परिवर्तनों से गुजरते हुए आज निबन्ध के स्वरूप एवं विकास से अवगत कराने के लिए संकलन के आरम्भ में एक संक्षिप्त भूमिका जोड़ दी गई है जो विद्यार्थियों के लिए उपयोगी व लाभप्रद हो सकती है। जिन महत्त्वपूर्ण निबन्धकारों के निबन्धों का प्रस्तुत पुस्तक में संकलन किया गया है, उनके प्रति आभार व कृतज्ञता ज्ञापित करना कर्त्तव्य समझती हूँ।

सरस्वती भल्ला
प्रोफ़ेसर, हिन्दी-विभाग
हिमाचल प्रदेश विश्वविद्यालय
शिमला-5

अनुक्रम

	भूमिका		9
1.	बालमुकुन्द गुप्त	एक दुराशा	19
2.	सरदार पूर्णसिंह	सच्ची वीरता	26
3.	रामचन्द्र शुक्ल	उत्साह	39
4.	महादेवी वर्मा	रामा	49
5.	जैनेन्द्र कुमार	बाज़ार दर्शन	63
6.	हजारी प्रसाद द्विवेदी	गतिशील चिन्तन	71
7.	गजानन माधव मुक्तिबोध	डबरे पर सूरज का बिम्ब	80
8.	हरिशंकर परसाई	पहला सफ़ेद बाल	87
9.	विद्यानिवास मिश्र	गऊचोरी	93
10.	कुबेरनाथ राय	शरद-बाँसुरी और विपन्न मराल	102

भूमिका

भावात्मक अनुभूति का गद्यमय लिखित रूप ही निबन्ध है। निबन्ध विचार-स्वातन्त्र्य एवं उदार सामाजिकता का प्रतिबिम्ब है। स्वाधीन सामाजिक वातावरण में व्यक्ति निर्भय होकर अपना दृष्टिकोण प्रस्तुत कर पाएगा, यहीं से निबन्ध की उत्पत्ति भी होती है। निबन्धकार उपदेशक नहीं होता बल्कि सीधे-सीधे अपनी बात कह डालता है। निबन्ध में निबन्धकार की निजी अनुभूतियाँ, विचार और भावनाएँ रहती हैं। हृदय एवं मस्तिष्क दोनों की स्पष्ट उपस्थिति यहाँ रहती है। वस्तुतः निबन्ध में व्याख्यान का प्रभाव, वक्तृता की मर्यादा, तर्क की शक्ति, पारस्परिक वार्तालाप का आनन्द तथा वैयक्तिक वैचित्र्य—इन सभी का समन्वय रहा करता है। निबन्ध में आत्मप्रकाशन की प्रवृत्ति विद्यमान रहती है। इस आत्मप्रकाशन को मनुष्य विभिन्न माध्यमों या साधनों द्वारा सन्तुष्ट करना चाहता है नृत्य, कला, संगीत या साहित्य इसके साधन हो सकते हैं। साहित्य में निबन्ध विधा ही शुद्ध रूप में आत्मप्रकाशन में सक्षम है। निबन्ध मानव के स्वतन्त्र मानसिक चिन्तन तथा निश्छल अनुभूतियों का गद्यरूप है। व्यक्ति का 'स्व' कितना क्रियाशील तथा मननशील है, यह निबन्ध में प्रकट होता है। निबन्ध के बाह्य व आन्तरिक दोनों तत्त्वों में लेखक का निजीपन रहता है। निजीपन या आत्मप्रकाशन का अर्थ है निजी भावनाएँ, मौलिक विचार और अनुभव पर आधारित जीवन-दर्शन।

साहित्यिक व्यक्तित्व के बाह्य व आन्तरिक दो रूप होते हैं जो मिलकर रचयिता का सम्पूर्ण व्यक्तित्व बनाते हैं। निबन्धकार का ऐसा ही व्यक्तित्व उसकी रचनाओं में मिलता है। लेखक का व्यक्तित्व है उसके सबल कथन में। वह अपनी शब्द-शक्ति से किस प्रकार प्रभावित करता है, उसकी भाषा अर्थ को कितना व्यापक रूप प्रदान करती है, इन सभी से उसका बाह्य व्यक्तित्व का निर्माण होता है। अपने विश्वासों के प्रति पाठक का समर्थन, आस्था के प्रति उसकी श्रद्धा और संदेश के प्रति पाठक का अनुकरण—इन सबसे उसका आन्तरिक व्यक्तित्व बनता है। इन अन्तः व बाह्य दोनों रूपों से 'व्यक्ति' निर्मित होगा। यह जितना सशक्त

व महान होगा पाठक को उतना ही अधिक प्रभावित करेगा।

निबन्ध की विभिन्न समीक्षकों ने अलग-अलग परिभाषाएँ दी हैं परन्तु समय के साथ-साथ इनमें पर्याप्त परिवर्तन होता रहा। निबन्ध का जन्मदाता मोनतैड्. (Montagine) माना जाता है। निबन्ध को पारिभाषित करते हुए इनका कहना है– "निबन्ध विचारों, उद्धरणों और कथाओं का मिश्रण है" (Essay is a modley of reflection, quotation and anecdotes) इनके अनुसार निबन्ध अपनी आत्मा को दूसरे तक पहुँचाने का प्रयत्नमात्र है जिसमें इनके निजी विचार व कल्पनाएँ हैं, कोई नवीन खोज नहीं। कुछ विद्वानों ने निबन्ध के विचारात्मक रुख पर जोर दिया। बेकन व रामचन्द्र शुक्ल ने निबन्ध को गम्भीर विचार प्रकाशन का साधन माना। मात्र विचार को ही सबकुछ मान लेने से निबन्ध का स्वरूप संकुचित हो जाता है। आत्मप्रकाशन जो निबन्ध का एक गुण है, इससे वह वंचित रह जाता है। ए.सी. बेनसन निबन्ध में विनोदी तत्त्वों की अनिवार्यता को महत्त्व देते हैं। विनोदपूर्ण निबन्ध एक प्रकार हो सकता है परन्तु उसमें गम्भीरता का अभाव नहीं होना चाहिए। बालकृष्ण भट्ट व बालमुकुन्द गुप्त के निबन्धों में दोनों का सामंजस्य मिलेगा। इन प्रस्तुत मतों से निबन्ध की पूर्ण परिभाषा निश्चित नहीं होती। बाबू गुलाबराय ने सभी मतों का संग्रह अपनी इस परिभाषा में किया है– "निबन्ध उस गद्य रचना को कहते हैं जिसमें एक सीमित आकार के भीतर किसी विषय का वर्णन या प्रतिपादन एक विशेष निजीपन, स्वच्छन्दता, सौष्ठव और सजीवता तथा आवश्यक संगति और सम्बद्धता के साथ किया गया हो।" निःसन्देह इस परिभाषा में निबन्ध का बहुत कुछ स्वरूप स्पष्ट होकर सामने आता है, परन्तु पूर्णरूप अभी भी स्थिर नहीं होता। वस्तुतः किसी विषय पर स्वाधीन चिन्तन और निश्छल अनुभूतियों का सरस, सजीव व मर्यादित गद्यात्मक प्रकाशन को निबन्ध कहा जा सकता है। 'स्वाधीन चिन्तन' से ही लेखक मौलिक व निजी रूप में उपस्थित रहता है। 'अनुभूतियों' में रागात्मकता, भावुकता तथा हृदयपक्ष उपस्थित रहता है। 'निश्छल' में शुद्धता, स्पष्टता व अपनापन है। 'सरस' रसयुक्त है। 'मर्यादा' में सम्बद्धता, पूर्णता व सीमा है। निबन्ध में वर्णित विषय बहुत विस्तार के साथ विवेचित नहीं किया जा सकता। निबन्ध आकार में छोटा होता है। भाषा मर्यादा भी आवश्यक है। कम से कम संख्या में अधिक से अधिक उपयोगी शब्दों का प्रयोग। एक भी शब्द, व्यर्थ न हो। निबन्ध की भाषा में संक्षिप्तता, शक्ति व गति होनी चाहिए। निबन्धकार थोड़े शब्दों में अर्थ की व्यापकता उपस्थित कर सकता है। निबन्ध में तारतम्यता, सन्तुलन व पूर्णता होनी चाहिए। व्यक्तित्व के रूप में रचयिता का जीवन-दर्शन निबन्ध की अनिवार्यता है। वस्तुतः निबन्ध में

अन्तः व बाह्य दोनों ही रूपों की अनिवार्यता है।

बाह्य और आन्तरिक विविधता के आधार पर निबन्ध के अनेक प्रकार निश्चित किए गए हैं। विवेचन पद्धति, भाषा-शैली, वस्तु-विषय सभी निबन्धों में समान नहीं मिलते! इसका अन्तर बाहरी स्वरूप को भिन्न तथा पृथक करता है। भाव, विचार, अनुभूतियाँ तथा सन्देश आदि निबन्ध के आन्तरिक स्वरूप को आकार देते हैं– ये भी हर निबन्ध में भिन्न होंगे। कुछ विद्वान 'व्यक्ति' के आधार पर निबन्ध के प्रकार निश्चित करते हैं।

व्यक्ति को मुख्य मानकर निबन्धों को व्यक्तिप्रधान तथा विषयप्रधान दो प्रकारों में बाँटा गया है। व्यक्तिप्रधान निबन्धों में निबन्धकार 'निज' को रखता है। विषयप्रधान में अपने को अलग रखकर शेष जगत् की बात कही जाती है। सजग लेखक 'निज' की बात भी करता है। और 'पर' की भी। इसी आधार पर निबन्ध को दो वर्गों में विभाजित किया गया। पहला निजात्मक (Subjective) तथा दूसरा परात्मक (Objective)। निजात्मक निबन्धों के दो प्रकार माने गए– विचारात्मक व भावात्मक। परात्मक के वर्णनात्मक तथा विवरणात्मक। निजात्मक में आत्मपरक या वैयक्तिक निबन्धों को भी शामिल किया गया है। निबन्ध के इस आधार पर निम्न प्रकार निश्चित किए जा सकते हैं–

परात्मक (Objective)
- वर्णनात्मक
- विवरणात्मक

निजात्मक (Subjective)
- विचारात्मक
- भावात्मक
- आत्मपरक या वैयक्तिक

वर्णनात्मक : वर्णन प्रधान निबन्ध वर्णनात्मक कहलाता है। इस प्रकार के निबन्ध में विचार, अनुभूति तथा कल्पना सभी वर्णन को आकर्षक बनाने के लिए सचेष्ट रहते हैं। ये सब तत्त्व साधन बनकर स्थानगत चित्र प्रस्तुत करते हैं। यही चित्र निबन्ध में साध्य है। वर्णन में लेखक का व्यक्तित्व उभरना चाहिए। वर्णन प्रधान निबन्धों में कल्पना-तत्त्व की प्रधानता रहती है। कल्पना इतनी सजग होनी चाहिए कि सामने बिम्ब खड़ा हो जाए। रागात्मक तत्त्व भी इस प्रकार के निबन्ध में अनिवार्य है। अन्त में विचार और बुद्धि तत्त्व का स्थान आता है। शैली में

सरलता एवं सुबोधता होनी चाहिए। यात्रा, वातावरण, तीर्थ-मेले, सभा-सम्मेलन आदि वर्णनात्मक निबन्ध के विषय हो सकते हैं।

विवरणात्मक : विवरणात्मक निबन्धों में वृत्तान्त या घटनाओं का वर्णन रहता है। इसमें कथा की प्रधानता—घटनाओं का सम्बद्ध वर्णन और विवेचन होता है। घटनाओं में लेखक की आत्मीयता तथा व्यक्तित्व की छाप रहती है। वर्णनात्मक व विवरणात्मक निबन्ध में यह भेद है कि पहले में स्थानगत वर्णन रहता है और दूसरे में कालगत। विवरणात्मक निबन्ध में ऐतिहासिकता होती है परन्तु निबन्धकार इतिहासकार बनकर नहीं रह जाता। इतिहास में विचार तत्त्व की प्रधानता है, विवरणात्मक निबन्ध में कल्पना तथा भावतत्त्व की। विचार इस प्रकार के निबन्ध में कल्पना तथा भाव के पीछे आता है। इसमें घटनाओं के साथ क्रियाशील व्यक्ति रहते हैं। व्यंग्य के लिए भी इसमें अपेक्षाकृत विस्तृत क्षेत्र है। यह जीवन के अधिक निकट है।

विचारात्मक : जिन निबन्धों में बुद्धि की प्रधानता हो उन्हें विचारात्मक निबन्ध कहते हैं। समाज-परम्परा, साहित्यिक आस्था पर लेखक स्वाधीन और मौलिक विचार जिस रचना में प्रकट करे, वही रचना विचारात्मक निबन्ध है। इस प्रकार के निबन्ध में लेखक के चिन्तन, मनन और सजग मस्तिष्क के विषय में पता चलता है। विचारात्मक निबन्ध ही बात की सूक्ष्मता, तर्क योजना और विवेचना पद्धति की परख और पाठक को अभिभूत करने की कसौटी है। इस प्रकार के निबन्धों में बौद्धिक आग्रह रहता है। भावना तथा कल्पना का आग्रह इस प्रकार के निबन्धों में कम रहता है। विषय की अनेकरूपता इस प्रकार के निबन्धों में देखी जा सकती है। राजनीति, परम्परा, संस्कृति, समाज या नैतिक आदर्श किसी को भी लिया जा सकता है।

भावात्मक : भावात्मक निबन्धों में हृदय का आग्रह प्रधान है। इसमें भाव या रागात्मक तत्त्व का अधिकार सभी तत्त्वों पर रहता है। भाव के बाद कल्पना और कल्पना के बाद विचार तत्त्व आएगा। हृदय की उदात्त अनुभूतियों, तीव्र भावनाओं और भावुकता का चरम भावात्मक निबन्ध में ही मिलता है। हृदय जो आनन्द, विषाद, आकर्षण, विकर्षण किसी स्थान या व्यक्ति के प्रति अनुभव करता है, लेखक उसे ही अपनी कृति में भर देता है। अनुभूतियाँ जितनी गहन होंगी, प्रकाशन जितना स्पष्ट होगा और निश्छल होगा, निबन्ध भी उतना ही सफल होगा। रागात्मकता से भाव मूर्तरूप में आकर बिम्ब उपस्थित कर देते हैं भावात्मक निबन्ध में लेखक की सभी प्रकार की अनुभूतियों का प्रकाशन रहता है। एक निबन्ध में एक विशेष भाव तथा अन्य भाव सहायक रूप में उपस्थित रहते हैं।

केन्द्रीयता का होना स्वाभाविक है। निबन्धकार को सतर्क रहना चाहिए कि कहीं एक सूत्रता के छिन्न हो जाने से उसमें बिखराव न आ जाए।

आत्मतत्त्व की प्रधानता : आत्मतत्त्व होने की प्रधानता से निबन्ध में लेखक के व्यक्तित्व की छाप रहती है। केवल ज्ञानवर्धन करना ही निबन्ध का लक्ष्य नहीं होता। उसमें रसात्मकता भी होती है जिसका उद्‌गम है लेखक के व्यक्तित्व, उसकी अनुभूतियों तथा जगत के प्रति उसके दृष्टिकोण से। इन सबके माध्यम से ही लेखक का व्यक्तित्व निबन्ध में उभरकर आता है। अपने व्यक्तित्व को निबन्ध में डुबोकर वह पाठक से आत्मीयता स्थापित कर लेता है।

कलात्मकता : निबन्ध अपने लघु कलेवर में पाठक को अभिभूत कर दे, ऐसी विशेषता उसे कलात्मक बना देती है। इसमें निबन्धकार से यह अपेक्षा की जाती है कि वह अपनी बात को कैसे प्रस्तुत करता है और उसका पाठक पर कितना और कैसा प्रभाव पड़ता है। आत्मतत्त्व मुखर होने से निबन्धकार को शैली पर भी ध्यान देना पड़ता है।

शैली : निबन्ध का विषय तो कुछ भी हो सकता है परन्तु उसकी महत्ता है शैली की या अभिव्यक्ति की। शैली साहित्य या निबन्ध का बाह्य पक्ष है। व्यक्ति प्रधान होने के कारण निबन्ध में शैली का विशेष महत्त्व है। इस बाह्य पक्ष में लेखक की अन्तरंग प्रवृत्ति परिलक्षित होती है। लेखक की विचार-पद्धति व अभिव्यंजना रीति के अनुसार स्थूल रूप में शैली के दो भेद किए हैं– समास शैली व व्यास शैली। समास शैली में वक्तव्य को अत्यन्त संक्षेप में किन्तु प्रभावी ढंग से कहने की प्रवृत्ति दिखाई पड़ती है। और व्यास शैली में वक्तव्य को अच्छी तरह समझा कर कहने की

आत्मपरक : 'निजात्मक' निबन्ध का एक अन्य प्रकार भी है जो विचारात्मक या भावात्मक की सीमा में नहीं आता। भावात्मक या विचारात्मक निबन्ध में भी कलाकार अपने व्यक्ति की प्रतिष्ठा करता है। पर इसमें उसका व्यक्ति अपने व्यक्ति की प्रतिष्ठा करता है पर इसमें उसका व्यक्ति रहते हुए भी, वह बहुत कुछ अलग ही रह सकता है अर्थात् इसके आकार में उमड़ते विचारों व भावों पर अन्य किसी का लेबिल भी लगाया जा सकता है परन्तु आत्मपरक निबन्ध में किसी का लेबिल नहीं लगाया जा सकता– वह इतना निजात्मक या आत्मपरक है कि उसका व्यक्ति पृथक् ही रहेगा। ऐसे निबन्ध को वैयक्तिक भी कहा जाता है। और स्पष्ट रूपरेखा लेकर उपस्थित होता है कि वह किसी अन्य का बन ही नहीं सकता। अपनी बात कहकर वह सबकी सहानुभूति प्राप्त कर लेता है। आत्मपरक निबन्धों में अपनी व्यक्तिगत, सम्बन्धियों का मिलन-बिछोह, निर्धनता का विवेचन

रहता है, भौतिक जीवन से ऐसे निबन्धों का सम्बन्ध है। आत्मपरक निबन्धों में निबन्धकार का 'निज' ही विश्व का बनता है।

तत्त्व : निबन्ध के विभिन्न प्रकारों व परिभाषाओं तथा स्वरूप के आधार पर कुछ तत्त्वों का निर्धारण किया जा सकता है—

एकान्विति : निबन्ध में एक विषय के अनेक पक्षों का विवेचन-विश्लेषण हो सकता है। निबन्ध किसी विषय को खण्ड-खण्ड करके देखता है परन्तु इस खंडात्मकता में एकसूत्रता का, एकान्विति का—अनेकता में एकता का होना अनिवार्य है। निबन्ध का सम्पूर्ण ताना-बाना एक केन्द्र बिन्दु से आरम्भ होकर विकसित होता चला जाता है। अतः उसमें प्रवृत्ति रहती है। प्रथम शैली विचारात्मक निबन्धों की गम्भीरता के अनुरूप है। लेखक अपने पाठक को अपने समान ही बौद्धिक धरातल पर ले जाता है, उसकी ग्रहण-शक्ति में विश्वास लेकर चलता है और दूसरे में लेखक अध्यापक की भूमिका में आ जाता है। वह अपनी बात को विस्तार से कहता है। वर्णनात्मक निबन्धों में प्रायः व्यास शैली का प्रयोग किया जाता है। भावात्मक निबन्धों में दोनों का ही प्रयोग रहता है। शुक्ल जी के विचारात्मक निबन्धों की शैली विवेचनात्मक है। विवेचन में तर्क-वितर्क निबन्धों की शैली विवेचनात्मक है। विवेचन में तर्क-वितर्क, प्रमाण-पुष्टि व्याख्या सभी का समावेश आ जाता है। विवेचनात्मक शैली में व्याख्या को अधिक स्थान नहीं मिलता। अपना विचार सबल आस्था, विश्वास व फोर्स के साथ रखना ही इसमें सब कुछ है। शैली की दृष्टि से एक ऐसा निबन्ध भी हमारे सामने आता है जो भावात्मक भी हो सकता है और विचारात्मक भी। शब्दों का चुनाव ऐसा होता है जिनका अर्थ अभिधात्मक नहीं। कम से कम शब्दों का प्रयोग रहता है, वाक्य सरल व संक्षिप्त रहते हैं। ऊपर से मीठा पर स्वाद में तीखा होता है। अर्थ तक पहुँचने के लिए श्लेष का आधार लेना पड़ता है। अर्थ और शब्द की इन विशेषताओं से पूर्ण निबन्ध को व्यंग्यात्मक शैली के अन्तर्गत रखा जा सकता है। इन शैलियों के अतिरिक्त आवेग शैली, विक्षेप शैली, प्रलाप तथा तरंग शैली आदि का भी उल्लेख किया जाता है।

हिन्दी निबन्ध-साहित्य का विकास

हिन्दी साहित्य में निबन्ध का सूत्रपात राष्ट्रीय जागरण के उषःकाल भारतेन्दु युग में हुआ। अब तक गद्य का विकास हो चुका था, दूसरी ओर समाचारपत्र के प्रचलन व मुद्रण यंत्र ने साहित्य की इस विधा को और अधिक विकसित किया। भारतेन्दु युग में भारतीय समाज में एक नई सांस्कृतिक व राजनीतिक चेतना का उदय हो

रहा था। इस नवीन चेतना का प्रतिनिधित्व तत्कालीन पत्र-पत्रिकाएँ कर रही थीं। हिन्दी के प्रारम्भिक निबन्ध छोटे-छोटे लेखों के रूप में इन पत्रिकाओं में प्रकाशित हो रहे थे। अंग्रेजी साहित्य में भी निबन्धों का विकास पत्र-पत्रिकाओं के माध्यम से हुआ। भारतेन्दु युग में हिन्दी में निबन्ध लेखन के क्षेत्र में अप्रत्यक्ष रूप से अंग्रेजी निबन्ध लेखन की परम्पराओं का अनुगमन होता दिखाई पड़ा था, यद्यपि अंग्रेजी का प्रभाव उन पर आंशिक ही था। भारतेन्दु युग से आज तक के निबन्ध साहित्य को भारतेन्दु युग, द्विवेदी युग, शुक्ल युग तथा शुक्लोत्तर युग में विभाजित किया जा सकता है।

भारतेन्दु युग का उदय राष्ट्रीय जागरण के नव सांस्कृतिक चेतना के उन्मेषकाल में हुआ। उस युग के साहित्यकार का दायित्व जहाँ एक ओर समाज सुधार करना था, दूसरी ओर सांस्कृतिक चेतना का विकास भी अभीष्ट था। साहित्य के विविध अंगों का विकास भी इसी युग में हुआ। निबन्ध विधा के द्वारा इन सभी दायित्वों की पूर्ति हो सकती थी। इस युग के निबन्धों में जहाँ विषय व्यापकता है, वहीं उसमें पत्रकारिता के सब गुण विद्यमान हैं। इस युग के निबन्ध–साहित्य में तत्कालीन युग की समग्र चेतना प्रतिबिम्बित हुई है। गद्य के किसी सर्व स्वीकृत रूप के अभाव में भाषा और शैली में एकरूपता का आना उस युग के निबन्धों में कठिन था अतः इस क्षेत्र में वैयक्तिक प्रयोग ही चलते रहे। इस युग में फिर भी खूब निबन्ध लिखे जाते रहे और इस युग के गद्य साहित्य का सबसे विकसित अंग निबन्ध ही है। इस युग के प्रमुख निबन्धकार हैं– भारतेन्दु, बालकृष्ण भट्ट, प्रताप नारायण मिश्र, बदरीनारायण चौधरी प्रेमघन, ज्वाला प्रसाद, अम्बिकादत्त व्यास और राधाचरण गोस्वामी। भारतेन्दु हरिश्चन्द्र सर्वतोमुखी प्रतिभासम्पन्न हिन्दी के प्रथम निबन्धकार हैं। इन्होंने धर्म, समाज, राजनीति, आलोचना, प्रकृति-वर्णन तथा व्यंग्य-विनोद आदि पर सफल निबन्ध लिखे हैं। धार्मिक निबन्धों में अन्धविश्वासों, मिथ्या परम्पराओं व बाह्य आडम्बरों पर तीव्र चोट की है। सामाजिक निबन्धों में कुरीतियों का खुलकर विरोध किया है और राजनीतिक निबन्धों में विदेशी शासन पर व्यंग्य किया है। आत्मीयता, व्यक्तित्व की अभिव्यंजना, मौलिकता, व्यंग्यात्मकता आदि इनके निबन्धों की विशेषताएँ रही हैं। इनके निबन्ध व्याख्यात्मक तथा विचारात्मक शैली में लिखे गए। बालकृष्ण भट्ट प्रगतिशील विचारों के निबन्धकार हैं। इन्होंने सामाजिक, राजनीतिक, मनोवैज्ञानिक, नैतिक व साहित्यिक विषयों पर निबन्ध लिखे और भारतेन्दु की व्याख्यात्मक व विचारात्मक शैली को विकसित किया। इनके नवीन, प्रताप पीयूष तथा प्रताप समुच्चय निबन्ध संग्रह प्रकाशित हुए। बालमुकुन्द गुप्त उर्दू से हिन्दी में आए अपने व्यंग्यात्मक निबन्ध शिवशम्भु

के चिट्ठे के लिए प्रसिद्ध हैं। इनके निबन्धों में अतीत प्रेम के साथ राजनीतिक विचारों की सजगता उभरी है। हिन्दी-भाषा, व्याकरण, लिपि आदि से सम्बन्धित निबन्ध भी इन्होंने लिखे। ज्वालाप्रसाद, तोताराम, रामचरण गोस्वामी तथा अम्बिकादत्त व्यास ने फुटकर रूप में तथा टिपण्णियों के रूप में निबन्ध लिखे। भारतेन्दु युग के निबन्धों में सामयिक परिस्थितियों से जनित अंतरंग प्रेरणा के वश रचे जाने के कारण उनमें मौलिकता है।

द्विवेदी युग में निबन्ध की प्रवृत्ति समालोचनात्मकता की ओर रही। महावीर प्रसाद द्विवेदी ने सर्वप्रथम भाषा के संस्कार व परिष्कार का काम किया। उनका भाषा सम्बन्धी आदर्श था कि हिन्दी को अन्य भाषाओं के शब्दों से सर्वथा अछूता न रखा जाए किन्तु संस्कृत व तत्सम शब्दों का बहिष्कार भी न किया जाए। उनकी इस नीति का तत्कालीन निबन्धों पर स्पष्ट प्रभाव है। द्विवेदी जी नैतिकताप्रिय थे अतः उन्होंने नीतिप्रधान या नैतिक निबन्ध ही अधिक लिखे। इस युग में भारतेन्दु युगीन विषय वैविध्य समाप्त हो गया परन्तु गाम्भीर्य अधिक आ गया। बौद्धिकता की प्रधानता हो गई और हार्दिकता की कमी आ गई। 'सरस्वती' के प्रकाशन से हिन्दी में साहित्यिक पत्र-पत्रिकाओं का प्रवर्तन हुआ और निबन्धों में अधिक साहित्यिकता आई। दूसरी भाषाओं से अनुवाद की परम्परा भी इस युग में आरम्भ हुई। इस युग के प्रमुख निबन्धकार हैं—महावीर प्रसाद द्विवेदी, बाबू श्यामसुन्दर दास, पद्मसिंह शर्मा, मिश्र बन्धु, माधवप्रसाद मिश्र, चन्द्रधर शर्मा गुलेरी तथा सरदार पूर्णसिंह। द्विवेदी जी के निबन्ध ज्ञान राशि का संचित कोश हैं। इन्होंने पाश्चात्य लेखकों के ज्ञान को अर्जित करके अपने निबन्धों द्वारा हिन्दी पाठकों का ज्ञानवर्द्धन किया। इन्होंने बेकन के निबन्धों का अनुवाद भी किया है। इनके निबन्धों में भाषा का शुद्ध रूप है, किन्तु चिन्तन की कमी है। माधवप्रसाद मिश्र के निबन्ध भावनापूर्ण हैं। गुलेरी जी के निबन्ध भी कम हैं। 'मारेसि मोहिं कुठांव' 'कछुआ धर्म' और 'संगीत' आदि निबन्धों में समाज पर व्यंग्य है। सरदार पूर्णसिंह के भावानात्मक निबन्धों में मानवतावादी दृष्टिकोण है। प्रगतिशील तत्त्व भी है। 'आचरण की सभ्यता', 'सच्ची वीरता', 'मजदूरी और प्रेम' इनके प्रसिद्ध निबन्ध हैं। मिश्र बन्धुओं के निबन्ध शिक्षामूलक हैं। बाबू श्यामसुन्दरदास आलोचक होने के साथ-साथ एक अच्छे निबन्धकार भी थे। इनके निबन्धों में विचारसंचय की प्रवृत्ति अधिक है, निजी अनुभूतियों का प्रकाशन कम। द्विवेदी युग के निबन्धों में विचारों की प्रधानता व गम्भीरता है। उपदेशात्मकता का स्वर इस युग के निबन्धों में हावी हुआ पड़ा है।

रामचन्द्र शुक्ल के नाम से 'शुक्ल युग' कहा जाता है क्योंकि शुक्ल का स्थान हिन्दी निबन्ध परम्परा में शीर्षस्थ है। इनके आगमन से हिन्दी जगत को एक नयी अनुभूति, नए विचार और नयी शैली के दर्शन हुए। इन्होंने मनोवैज्ञानिक, साहित्यिक तथा सैद्धान्तिक सभी प्रकार के निबन्ध लिखे। 'चिन्तामणि' में इनके सभी प्रकार के निबन्ध हैं जिनमें चिन्तन की मौलिकता, विवेचन की गम्भीरता व विश्लेषण की प्रौढ़ता दृष्टिगोचर होती है। विषय व व्यक्ति का सुन्दर समन्वय इनके निबन्धों में है। मनोवैज्ञानिक निबन्ध लोभ, प्रीति, श्रद्धा आदि में सामाजिक व्यावहारिकता, साहित्यिकता व मनोविश्लेषण की सूक्ष्मता भी साथ-साथ चलती है। 'कविता क्या है?' 'साधारणीकरण और व्यक्ति-वैचित्र्यवाद', 'काव्य में लोकमंगल की साधनावस्था' आदि इनके प्रसिद्ध साहित्यिक व सैद्धान्तिक निबन्ध हैं। सूत्र, व्याख्या और निष्कर्ष इनके निबन्धों का सार है। शुक्ल युग के उल्लेखनीय निबन्धकार हैं—बाबू गुलाबराय, पदुमलाल पुन्नालाल बख्शी, वियोगी हरि, वासुदेव शरण अग्रवाल आदि। बाबू गुलाबराय ने साहित्यिक, मनोवैज्ञानिक तथा संस्मरणात्मक निबन्ध लिखे हैं। 'मेरी असफलताएँ' और 'फिर निराशा क्यों' आदि निबन्ध बहुत लोकप्रिय हुए। डॉ. रघुवीर सिंह अपने ऐतिहासिक संस्मरणात्मक लेखों व निबन्धों के लिए प्रसिद्ध हैं। रायकृष्णदास, वियोगी हरि तथा शांतिप्रिय द्विवेदी के निबन्धों में भावात्मकता की प्रधानता है। शुक्ल युग के निबन्धों में विषय-वैविध्य, गम्भीरता व सूक्ष्मता है।

शुक्लोत्तर युग में हजारी प्रसाद द्विवेदी, आचार्य नन्द दुलारे वाजपेयी, डॉ. रामविलास शर्मा, डॉ. नगेन्द्र, जैनेन्द्र, अज्ञेय, धर्मवीर भारती, डॉ. देवराज, नलिनविलोचन शर्मा आदि भी शुक्ल की परम्परा में आते हैं। ये विचार और शैली की दृष्टि से शुक्ल से भिन्न हैं पर जीवन के विषय में जो कुछ कहना है, शुक्ल के समान साहित्य के माध्यम से कहते हैं। साहित्य आलोचनात्मक निबन्ध लेखकों में पन्त, प्रसाद, निराला व महादेवी के नाम भी उल्लेखनीय हैं। इस युग के वर्णनात्मक एवं यात्रा सम्बन्धी निबन्ध लेखकों में स्वामी सत्यदेव, राहुल सांकृत्यायन तथा देवेन्द्र सत्यार्थी के नाम उल्लेखनीय हैं। हजारी प्रसाद द्विवेदी के अनेक निबन्ध संग्रह प्रकाशित हो चुके हैं जैसे 'अशोक के फूल', 'कल्पलता', 'विचार और वितर्क' आदि। इनके निबन्धों में हृदय की सरलता, प्राचीन साहित्य एवं संस्कृत का ज्ञान वैभव, विचारों की मौलिकता एवं शैली की रोचकता का समन्वय दृष्टिगोचर होता है। इन पर रवीन्द्र के मानवतावाद की छाप है। डॉ. नगेन्द्र के काव्यशास्त्रीय निबन्धों में पाश्चात्य व पौर्वात्य का संतुलित समन्वय है। जैनेन्द्र के दार्शनिक व सामाजिक निबन्धों में पर्याप्त मौलिक चिन्तन है। रामविलास शर्मा, शिवदान सिंह

चौहान और अमृतराय आदि लेखकों ने प्रगतिशील दृष्टिकोण से निबन्ध लिखे हैं। धर्मवीर भारती, प्रभाकर माचवे, रांगेय राघव आदि के साहित्यिक निबन्ध हिन्दी की अनेक पत्रिकाओं में प्रकाशित होते रहे हैं। इनके अतिरिक्त विद्यानिवास मिश्र तथा कुबेरनाथ राय भी उल्लेखनीय निबन्धकार हैं। हिन्दी निबन्ध-साहित्य उत्तरोत्तर प्रगति कर रहा है। विषय और शैली दोनों ही दृष्टियों से उसमें विविधता आई है। अभी इसी विधा की समृद्धि निरन्तर हो रही है। वस्तुतः विचारसम्पन्न लेखक के लिए निबन्ध अभिव्यंजना का सर्वाधिक समर्थ माध्यम है। आधुनिक हिन्दी निबन्ध साहित्य के विकास की गतिविधियों पर दृष्टिपात करते हुए कहा जा सकता है कि अल्पकाल में यह विधा अत्यधिक समृद्ध हुई है।

सरस्वती भल्ला

बालमुकुन्द गुप्त

राष्ट्रीयता के प्रति प्रबल आग्रह से युक्त, सामयिक व राजनीतिक परिस्थितियों के प्रति अत्यन्त जागरूक व सचेत साहित्यकार बालमुकुन्द गुप्त का जन्म रोहतक में सं. 1922 में हुआ। शुक्लजी ने अपने समय के कुशल व अनुभवी सम्पादक के रूप में गुप्त जी को देखा। कलकत्ता के 'बंगवासी' पत्र का सम्पादन इन्होंने किया। तत्पश्चात् 'भारतमित्र' के प्रधान सम्पादक भी रहे। उस समय की प्रकाशित पत्रिकाओं में इन दोनों ही पत्रिकाओं का महत्त्वपूर्ण स्थान रहा।

बालमुकुन्द गुप्त जी का हिन्दी-निबन्धकारों में विशिष्ट स्थान है। बालकृष्ण भट्ट व प्रतापनारायण मिश्र ने उन्नीसवीं शताब्दी में निबन्ध-लेखन की जिस परम्परा का सूत्रपात किया था, उसका विकास गुप्त जी के निबन्धों में मिलता है। अपने समय में इन्हें आदर्श व सर्वोत्कृष्ट निबन्ध लेखक के रूप में माना गया। इनके उत्कृष्ट निबन्ध 'शिव शम्भु का चिट्ठा' और 'चिट्ठे और खत' निबन्ध संग्रह में संगृहीत हैं। इन निबन्धों में गुप्त जी ने विदेशी सरकार पर कटाक्ष व व्यंग्य किए हैं। राष्ट्रीयता के प्रति प्रबल आग्रह इनके सभी निबन्धों में मुखरित होता है। राष्ट्रीय जागरण की नयी चेतना प्रस्फुटित होती हुई नजर आती है। 'गुप्त निबन्धावली' शीर्षक से भी इनका निबन्ध संग्रह प्रकाशित हो चुका है।

बालमुकुन्द गुप्त की भाषा पर उर्दू का प्रभाव नजर आता है क्योंकि वे मूलतः उर्दू के लेखक थे और उर्दू साहित्यकार के रूप में विख्यात थे। जब वे हिन्दी में आए तो उर्दू की विकसित गद्यशैली को लेकर आए। इनकी भाषा विनोदपूर्ण है परन्तु इस विनोदप्रियता को इन्होंने कभी भी साध्य नहीं बनने दिया। विनोदपूर्ण शैली में बात करते हुए विचार व भाव को पूर्णतः सुरक्षित रखते हैं। अपना मन्तव्य प्रकट करते हुए वे इस विनोदप्रियता में ही अटक कर नहीं रह जाते। हिन्दी गद्यशैली को गतिमत्ता प्रदान करने में उर्दू ज्ञान का भरपूर उपयोग करते हैं।

भाषागत प्रयोग में औचित्य का ध्यान रखते हैं।

'एक दुराशा' निबन्ध में होली की तान सुनकर शिवशम्भु के मन में जिज्ञासा उत्पन्न होती है कि एक युग था जब राजा और प्रजा मिलकर होली खेलते थे? क्या अब ऐसा सम्भव है? इसी दुराशा के उत्तर में वे सरकार की नीति पर व्यंग्य करते हुए सामयिक परिस्थितियों का अवलोकन करते हैं। देश के शासक प्रजा के लिए नहीं बल्कि अपने सुख के लिए शासन करते हैं अतः उन्हें प्रजा के सुख-दुख की क्या चिन्ता? जब इतिहास की रचना भी वे अपनी इच्छानुसार करवा सकते हैं तो ऐसे में राजा से होली खेलना मात्र एक दुराशा है अर्थात् उनसे निकटता स्थापित नहीं हो सकती।

•

एक दुराशा

नारंगी के रस में जाफ़रानी बसन्ती बूटी छानकर शिवशम्भु शर्मा खटिया पर पड़े मौजों का आनन्द ले रहे थे। खयाली घोड़े की बागें ढीली कर दी थीं। वह मनमानी जकन्दें भर रहा था। हाथ-पाँवों को भी स्वाधीनता दे दी गयी थी। वह खटिया के तूल-अरज की सीमा उलंघन कर के इधर-उधर निकल गये थे। कुछ देर इसी प्रकार शर्माजी का शरीर खटिया पर था और ख़याल दूसरी दुनिया में।

अचानक एक सुरीली गाने की आवाज़ ने चौंका दिया। कन-रसिया शिवशम्भु खटिया पर उठ बैठे। कान लगाकर सुनने लगे। कानों में यह मधुर गीत बार-बार अमृत ढालने लगा–

चलो-चलो आज, खेलें होली कन्हैया के घर।

कमरे से निकलकर बरामदे में खड़े हुए। मालूम हुआ कि पड़ोस में किसी अमीर के यहाँ गाने-बजाने की महफिल हो रही है, कोई सुरीली लय से उक्त होली गा रहा है। साथ ही देखा बादल घिरे हुए हैं, बिजली चमक रही है, रिमझिम झड़ी लगी हुई है। वसन्त में सावन देखकर अकल ज़रा चक्कर में पड़ी। विचारने लगे कि गाने वालों को मलार गाना चाहिए था, न कि होली। साथ ही खयाल आया कि फागुन सुदी है, वसन्त के विकास का समय है, व होली क्यों न गायें? इसमें तो गानेवाले की नहीं, विधि की भूल है, जिसने बसन्त में सावन बना दिया है। कहाँ तो चाँदनी छिटकी होती, निर्मल वायु बहती, कोयल की कूक सुनायी देती; कहाँ भादों की-सी अँधियारी है, वर्षा की झड़ी लगी हुई है। ओह! कैसा ऋतु-विपर्यय है!

इस विचार को छोड़कर गीत के अर्थ का विचार जी में आया। होली-खिलैया कहते हैं कि आज कन्हैया के घर होली खेलेंगे। कन्हैया कौन? ब्रज के राजकुमार, और खेलैया कौन? उनकी प्रजा–ग्वाल-बाल। इस विचार ने शिवशम्भु शर्मा को और चौंका दिया कि ऐं! क्या भारत में ऐसा समय भी था, जब प्रजा के लोग राजा के घर जाकर होली खेलते थे और राजा-प्रजा मिलकर आनन्द मनाते थे! क्या भारत में राजा लोग प्रजा के आनन्द को अपना आनन्द समझते थे? अच्छा, यदि आज

शिवशम्भु शर्मा अपने मित्र-वर्ग सहित अबीर-गुलाल की झोलियाँ भरे, रंग की पिचकारियाँ लिए अपने राजा के घर होली खेलने जाये तो कहाँ जाये? राजा दूर सात समुद्र पार है। राजा का केवल नाम सुना है। न राजा को शिवशम्भु ने देखा, न राजा ने शिवशम्भु को। खैर राजा नहीं, उसने अपना प्रतिनिधि भारत में भेजा है। कृष्ण द्वारिका ही में हैं, पर उद्धव को प्रतिनिधि बनाकर ब्रजवासियों को सन्तोष देने के लिए ब्रज भेजा है। क्या उस राज-प्रतिनिधि के घर जाकर शिवशम्भु होली नहीं खेल सकता!

उफ़! यह विचार वैसा ही बेतुका है, जैसा अभी वर्षा में होली गायी जाती थी। पर इसमें गाने वाले का क्या दोष है? वह तो समय समझकर ही गा रहा था। यदि वसन्त में वर्षा की झड़ी लगे, तो क्या गानेवाले को मलार गाना चाहिए? सचमुच बड़ी कठिन समस्या है। कृष्ण है, उद्धव है, पर ब्रज वासी उनके निकट भी नहीं फटकने पाते! राजा राजा है! राज-प्रतिनिधि है, पर प्रजा की उन तक रसाई नहीं। सूर्य है, धूप नहीं। चन्द्र है, चाँदनी नहीं। माई लार्ड नगर ही में है, पर शिवशम्भु उसके द्वार तक नहीं फटक सकता है, उसके घर पर होली खेलना तो विचार ही दूसरा है। माई लार्ड के घर तक प्रजा की बात नहीं पहुँच सकती, बात की हवा नहीं पहुँच सकती। जहाँगीर की भाँति उसने अपने शयनागार तक ऐसा कोई घण्टा नहीं लगाया, जिसकी जंजीर बाहर से हिला कर प्रजा अपनी फ़रियाद उसे सुना सके। न आगे को लगाने की आशा है। प्रजा की बोली वह नहीं समझता, उसकी बोली प्रजा नहीं समझती। प्रजा के मन का भाव वह न समझता है, न समझना चाहता है। उसके मन का भाव न प्रजा समझ सकती है, न समझने का कोई उपाय है। उसका दर्शन दुर्लभ है। द्वितीया के चन्द्र की भाँति कभी-कभी बहुत देर तक नज़र गड़ाने से उसका चन्द्रानन दिख जाता है, तो दिख जाता है। लोग उँगलियों से इशारे करते हैं कि वह है। किन्तु दूज के चाँद के उदय का भी एक समय है। लोग उसे जान सकते हैं। माई लार्ड के मुखचन्द्र के उदय का भी कोई समय नहीं। अच्छा, जिस प्रकार इस देश के निवासी माई लार्ड का चन्द्रानन देखने को टकटकी लगाये रहते हैं, या जैसे शिवशम्भु शर्मा के जी में अपने देश के माई लार्ड से होली खेलने की आयी, इस प्रकार कभी श्रीमान् का जी होता होगा कि अपनी प्रजा में जिसके दण्ड-मुण्ड के विधाता होकर आये हैं, किसी एक से मिलकर उसके मन की बात पूछें या कुछ आमोद-प्रमोद की बातें करके उसके मन को टटोलें? माई लार्ड को ड्यूटी का ध्यान दिलाना सूर्य को दीपक दिखाना है। वह स्वयं श्रीमुख से कह चुके हैं कि ड्यूटी में बँधा हुआ मैं इस देश में फिर आया। यह देश मुझे बहुत ही प्यारा है। इससे ड्यूटी और प्यार की बात श्रीमान् के कथन से ही तय हो जाती

है। उसमें किसी प्रकार की हुज्जत उठाने की जरूरत नहीं। तथापि यह प्रश्न आप-से-आप जी में उठता है कि इस देश की प्रजा से प्रजा के माई लार्ड का निकट होना और प्रजा के लोगों की बात जानना भी उसी ड्यूटी की सीमा तक पहुँचता है या नहीं? यदि पहुँचता है तो क्या श्रीमान् बता सकते हैं कि आपने छः साल के लम्बे शासन में इस देश की प्रजा को क्या जाना और उससे क्या सम्बन्ध उत्पन्न किया? जो पहरेदार सिर पर फेंटा बाँधे, हाथ में संगीनदार बन्दूक लिए काठ के पुतलों की भाँति गवर्नमेण्ट हौस के द्वार पर दण्डायमान रहते हैं; या छाया की मूर्ति की भाँति जरा इधर-उधर हिलते-डुलते दिखायी देते हैं, कभी उनको भूले-भटके आपने पूछा है कि कैसी गुजरती है? किसी काले-काले चपरासी या खानसामा आदि से कभी आपने पूछा कि कैसे रहते हो? तुम्हारे देश की क्या चाल-ढाल है? तुम्हारे देश के लोग हमारे देश को कैसा समझते हैं? क्या इन नीचे दरजे के नौकरों-चाकरों को कभी माई लार्ड के श्रीमुख से निकले हुए अमृत-रूपी बचनों के सुनने का सौभाग्य प्राप्त हुआ, या खाली पेड़ों पर बैठी चिड़ियों का शब्द ही उनके कानों तक पहुँच कर रह गया? क्या कभी सैर-तमाशे में टहलने के समय या किसी एकान्त स्थान में इस देश के किसी आदमी से कुछ बातें करने का अवसर मिला? अथवा इस देश के प्रतिष्ठित बेगरज आदमी को अपने घर पर बुलाकर इस देश के लोगों के सच्चे विचार जानने की चेष्टा की? अथवा कभी विदेश या रियासतों के दौरे में उन लोगों के सिवाय, जो झुक-झुककर लम्बी सलामें करने आये हों, किसी सच्चे बेपरवाह आदमी से कुछ पूछने या कहने का कष्ट किया? सुनते हैं कि कलकत्ता में श्रीमान् ने कोना-कोना देख डाला। भारत में क्या भीतर और क्या सीमाओं पर कोई जगह देखे बिना नहीं छोड़ी। बहुतों का ऐसा ही विचार था। पर कलकत्ता यूनिवर्सिटी के परीक्षोत्तीर्ण छात्रों की सभा में चांसलर का जामा पहन कर माई लार्ड ने जो अभिज्ञता प्रकट की, उससे इस देश की बातें ठीक देखने की शक्ति न थी।

सारे भारत की बात दूर, इस कलकत्ता ही में देखने की इतनी बातें हैं कि केवल उनको भली-भाँति देख लेने से भारतवर्ष की बहुत-सी बातों का ज्ञान हो सकता है। माई लार्ड के शासन के छः साल हालवेल के स्मारक में लाट बनवाने, ब्लैक-होल का पता लगाने, अख्तर लोनी की लाट को मैदान से उठवाकर वहाँ विक्टोरिया मेमोरियल हॉल बनवाने, गवर्नमेण्ट हौस के आस-पास अच्छी रोशनी, अच्छे फुटपाथ और अच्छी सड़कों का प्रबन्ध करने में बीत गए। दूसरा दौर भी वैसे ही कामों में बीत रहा है। सम्भव है कि उनमें भी श्रीमान् के दिलपसन्द अंग्रेजी मुहल्लों में कुछ और भी बड़ी-बड़ी सड़कें निकल जायें और गवर्नमेण्ट हौस की

तरफ से स्वर्ग की सीमा और बढ़ जावे। पर नगर जैसा अँधेरे में था, वैसा ही रहा; क्योंकि उसकी असली दशा देखने के लिए और ही प्रकार की आँखों की ज़रूरत है। जब तक वे आँखें न होंगी, यह अन्धेर यों ही चला जावेगा। यदि किसी दिन शिवशम्भु के साथ माई लार्ड नगर की दशा देखने चलते तो वह देखते कि इस महानगर की लाखों प्रजा भेड़ों और सूअरों की भाँति सड़े-गले झोंपड़ों में लोटती है। उसके आस-पास बड़ी बदबू और मैले सड़े पानी के नाले बहते हैं। कीचड़ और कूड़े के ढेर चारों ओर लगे हुए हैं। उनके शरीरों पर मैले-कुचैले फटे चिथड़े लिपटे हुए हैं। उनमें से बहुतों को आजीवन पेट-भर अन्न और शरीर ढकने को कपड़ा नहीं मिलता। जाड़ों में सर्दी से अकड़कर रह जाते हैं और गर्मी में सड़कों पर घूमते तथा जहाँ-तहाँ पड़ते फिरते हैं। बरसात में सड़े-सीले घरों में भीगे पड़े रहते हैं। सारांश यह कि हर एक ऋतु की तीव्रता में सबसे आगे मृत्यु के पथ का वही अनुगमन करते हैं। मौत ही एक है जो उनकी दशा पर दया करके जल्द-जल्द उन्हें जीवन-रूपी रोगों के कष्ट से छुड़ाती है।

परन्तु क्या इनसे भी बढ़कर और दृश्य नहीं हैं? हाँ, हैं, पर ज़रा और स्थिरता से देखने के हैं। बालू में बिखरी हुई चीनी को हाथी अपने सूँड से नहीं उठा सकता, उसके लिए चिऊँटी की जिह्वा दरकार है। इसी कलकत्ता में, इसी इमारतों के नगर में माई लार्ड की प्रजा में हज़ारों आदमी ऐसे हैं जिनको रहने को सड़ा झोंपड़ा भी नहीं है। गलियों और सड़कों पर घूमते-घूमते जहाँ जगह देखते हैं वहीं पड़े रहते हैं। पहरे वाला आकर डण्डा लगाता है तो सरक कर दूसरी जगह जा पड़ते हैं। बीमार होते हैं तो सड़कों पर पाँव पीटकर मर जाते हैं। कभी आग जलाकर खुले मैदान में पड़े रहते हैं। कभी-कभी हलवाइयों की भट्ठियों से चिमटकर रात काट देते हैं। नित्य उनकी दो-चार लाशें जहाँ-तहाँ से पड़ी हुई पुलिस उठाती है। भला माई लार्ड तक उनकी बात कौन पहुँचाये? दिल्ली दरबार में भी, जहाँ सारे भारत का वैभव एकत्र था, सैकड़ों ऐसे लोग दिल्ली की सड़कों पर पड़े दिखायी देते थे, परन्तु उनकी ओर देखने वाला कोई न था। यदि माई लार्ड एक बार इन लोगों को देख पाते, तो पूछने की जगह हो जाती कि वे लोग भी ब्रिटिश राज्य के सिटीजन हैं या नहीं? यदि हैं तो कृपापूर्वक पता लगाइये कि उनके रहने के स्थान कहाँ हैं और ब्रिटिश राज्य से उनका क्या नाता है? क्या कहकर वे अपने राजा और उसके प्रतिनिधि को संबोधन करें? किन शब्दों में ब्रिटिश राज को असीस दें? क्या यों कहें कि जिस ब्रिटिश राज्य में हम अपनी जन्मभूमि में एक अंगुल भूमि के अधिकारी नहीं, जिसमें हमारे शरीर को फटे चिथड़े भी नहीं जुड़े और न कभी पापी पेट को पूरा अन्न मिला, उस राज्य की जय हो; उसका राज-प्रतिनिधि हाथियों का

जुलूस निकाल कर सबसे बड़े हाथी पर चँवर-छत्र लगाकर निकले और स्वदेश में जाकर प्रजा के सुखी होने का डंका बजाये?

इस देश में करोड़ों प्रजा ऐसी है जिसके लोग जब संध्या-सवेरे किसी स्थान पर एकत्र होते हैं तो महाराजा विक्रम की चर्चा करते हैं और उन राजा-महाराजाओं की गुणावली वर्णन करते हैं, जो प्रजा का दुःख मिटाने और उनके अभावों का पता लगाने के लिए रातों को वेश बदल कर निकला करते थे। अकबर के प्रजा-पालन की और बीरबल के लोक-रंजन की कहानियाँ कहकर वे जी बहलाते हैं और समझते हैं कि न्याय और सुख का समय बीत गया। अब वे राजा संसार में उत्पन्न नहीं होते जो प्रजा के सुख-दुःख की बातें उनके घरों में आकर पूछ जाते थे। महारानी विक्टोरिया को वे अवश्य जानते हैं कि वह महारानी थीं और अब उनके पुत्र उनकी जगह राजा और इस देश के प्रभु हुए हैं। उनको इस बात की खबर तक भी नहीं कि उनके प्रभु के कोई प्रतिनिधि होते हैं और वही इस देश के शासन के मालिक होते हैं तथा कभी-कभी इस देश की तीस करोड़ प्रजा का शासन करने का घमंड भी करते हैं अथवा मन चाहते तो इस देश के साथ बिना कोई अच्छा बरताव किये भी यहाँ के लोगों को झूठा-मक्कार आदि कहकर अपनी बड़ाई करते हैं।

इन सब विचारों ने इतनी बात तो शिवशम्भु के जी में भी पक्की कर दी कि अब राजा प्रजा के मिलकर होली खेलने का समय गया। जो बाकी था, वह कश्मीर-नरेश महाराजा रणवीरसिंह के साथ समाप्त हो गया। इस देश में उस समय के फिर लौटने की जल्द आशा नहीं। इस देश की प्रजा का अब वह भाग्य नहीं है। साथ ही किसी राजपुरुष का भी ऐसा सौभाग्य नहीं है, जो यहाँ की प्रजा के अकिंचन प्रेम के प्राप्त करने की परवाह न करे। माई लार्ड अपने शासन-काल का सुन्दर से सुन्दर सचित्र इतिहास स्वयं लिखवा सकते हैं, वह प्रजा के प्रेम की क्या परवाह करेंगे? तो भी इतना संदेश भंगड़ शिवशम्भु शर्मा अपने प्रभु तक पहुँचा देना चाहता है कि आपके द्वार पर होली खेलने की आशा करने वाले ब्राह्मण को कुछ नहीं तो कभी-कभी पागल समझ कर ही स्मरण कर लेना। वह आपकी गूँगी प्रजा का एक वकील है जिसके शिक्षित होकर मुँह खोलने तक आप कुछ करना नहीं चाहते।

वमुलाजिमाने सुलताँ कै रसानद, ई दुआरा!
कि बशुक्रे बादशाही जे नजर मराँ गदारा।

सरदार पूर्णसिंह

अद्वैत सिद्धान्त के प्रति अनन्य निष्ठा रखनेवाले तथा स्वामी रामतीर्थ के दर्शन से प्रभावित सरदार पूर्ण सिंह का जन्म ऐवटाबाद में सन् 1882 में हुआ। ऐहिक जीवन के प्रति वैराग्य तथा परम सत्ता के प्रति गहन अनुराग– ये दोनों तत्त्व इनकी मानसिकता के अनिवार्य अंग थे। इनकी धारणा थी कि यदि परमसत्ता में अटूट विश्वास है, तभी चिरन्तन सुख की उपलब्धि सम्भव है। अपने नाम के साथ 'अध्यापक' शब्द का प्रयोग प्रायः किया करते थे क्योंकि अध्यापन कार्य किया करते थे। अत्यन्त भावुक, स्नेही व सरस थे अतएव यह सभी विशेषताएँ उनके निबन्धों में दृष्टिगोचर होती हैं। टोकियो की इम्पीरियल यूनिवर्सिटी से रसायनशास्त्र का अध्ययन करके जब स्वदेश लौटे तो फॉरेस्ट कॉलेज देहरादून में रसायनज्ञ के रूप में कार्य करने लगे।

यद्यपि सरदार पूर्णसिंह ने बहुत अधिक निबन्ध नहीं लिखे परन्तु अपनी विशिष्ट निबन्ध शैली के कारण प्रतिष्ठित निबन्धकारों की पंक्ति में शामिल हो गए। इनकी निबन्ध शैली में सहजता व नैसर्गिकता है जिसके कारण ये विषय को अत्यन्त सजीवता व मूर्तिमत्ता के साथ प्रस्तुत कर देते हैं। विषय में इतना तल्लीन हो जाते हैं कि कृत्रिमता के लिए कोई स्थान नहीं रहता। इनके तीन-चार निबन्ध 'सरस्वती' में प्रकाशित हुए तो अपनी नवीन गद्य-शैली के कारण हिन्दी-पाठक का ध्यान आकर्षित किया। इस आकर्षण का कारण था लाक्षणिकता जिसके कारण इनकी अभिव्यंजना सशक्त हो गई। पूर्णसिंह जी की भाषा में तथा वाक्य रचना में एक विविधता सी दिखलाई पड़ती है कहीं व्यास-शैली को अपनाते हुए नजर आते हैं तो कहीं समास-शैली को, संस्कृत तथा उर्दू दोनों ही भाषाओं से शब्द ग्रहण कर अपनी भाषा की सशक्तता को बढ़ाया है। यद्यपि सरदार पूर्णसिंह जी के निबन्ध विचारात्मकता से ओतप्रोत हैं परन्तु इन्हें भावात्मक कोटि में रखा गया है। इनकी

अभिव्यंजना में इतनी सामर्थ्य है कि पाठक एवं लेखक के भावों में तादात्म्य सहज ही हो जाता है।

'सच्ची वीरता' निबन्ध में सरदार पूर्णसिंह जी ने सच्चे वीर में सात्विकता का सद्भाव आवश्यक माना है। सच्चा वीर बल का दुरुपयोग करने में जीवन की सार्थकता नहीं समझता— यह कायरों का दृष्टिकोण है। सच्चा वीर तो दिलों पर राज करता है। सच्चे वीर तो कभी-कभी पैदा होते हैं। वीरता निरन्तर अपने आश्रय को समुन्नत व विकसित करती है— यह अंतरंग विकास आवश्यक है। इसकी काव्य अभिव्यक्ति तो गौण बात है। वीरता की अभिव्यक्ति व विकास विविध व विभिन्न प्रकार से हो सकता है। सच्चे वीर में प्राकृतिक शक्तियों का संचय विद्यमान रहता है अतः वीरभाव के अभ्युदय के लिए व्यक्ति को अपने भीतर पैठ कर आत्मिक उन्नति करनी चाहिए। टीन के बर्तन का स्वभाव छोड़कर जीवन के केन्द्र में निवास कर सच्चाई की चट्टान पर दृढ़ता के साथ खड़े हो जाना चाहिए।

सच्ची वीरता

सच्चे वीर पुरुष धीर, गम्भीर और आजाद होते हैं। उनके मन की गम्भीरता और शान्ति समुद्र की तरह विशाल और गहरी या आकाश की तरह स्थिर और अचल होती है। वे कभी चंचल नहीं होते। रामायण में वाल्मीकि ने कुम्भकर्ण की गाढ़ी नींद में वीरता का एक चिह्न दिखलाया है। यह सच है, सच्चे वीरों की नींद आसानी से नहीं खुलती। वे सत्त्वगुण के क्षीर-समुद्र में ऐसे डूबे रहते हैं कि उनको दुनिया की खबर नहीं होती। वे संसार के सच्चे परोपकारी होते हैं। ऐसे लोग दुनिया के तख्ते को अपनी आँख की पलकों से हलचल में डाल देते हैं। जब ये शेर जागकर गरजते हैं तब सदियों तक इनकी आवाज़ की गूँज सुनायी देती रहती है। और सब आवाज़ें बन्द हो जाती हैं। वीर की चाल की आहट कानों में आती रहती है और कभी मुझे और कभी तुझे मद-मत्त करती है। कभी किसी की और कभी किसी की प्राण-सारंगी वीर के हाथ से बजने लगती है।

देखो, हरा की कन्दरा में एक अनाथ दुनिया से छिपकर, एक अजीब नींद सोता है। जैसे गली में पड़े हुए पत्थर की ओर कोई ध्यान नहीं देता, वैसे ही आम आदमियों की तरह इस अनाथ को कोई न जानता था। एक उदार-हृदया धन सम्पन्न स्त्री की वह नौकरी करता है। उसकी सांसारिक प्रतिष्ठा सिर्फ़ एक मामूली गुलाम की-सी है; मगर कोई ऐसा दैवी कारण हुआ जिससे इस अनजान और बेपहचान गुलाम की बारी आयी। उसकी निद्रा खुली। संसार पर मानो हज़ारों बिजलियाँ गिरीं। अरब के रेगिस्तान में बारूद की तरह आग लग गई। इस वीर की आँखों की ज्वाला इन्द्रप्रस्थ से लेकर स्पेन तक प्रज्वलित हुई। उस अज्ञात और गुप्त हरा की कन्दरा में सोने वाले ने एक आवाज़ दी। कुल पृथ्वी भय से काँपने लगी। हाँ, जब पैग़म्बर मुहम्मद ने अल्लाहू-अकबर का गीत गाया, तब कुल संसार चुप हो गया। और कुछ देर बाद प्रकृति उसकी आवाज़ की गूँज को सब दिशाओं में उड़ा ले चली। पक्षी अल्लाहू गाने लगे और मुहम्मद के पैग़ाम को इधर-उधर ले उड़े। पर्वत उसकी वाणी को सुनकर पिघल पड़े और नदियाँ 'अल्लाहू-अल्लाहू' का

आलाप करती हुई पर्वतों से निकल पड़ीं। जो लोग उसके सामने आये वे इसके दास बन गए। चन्द्र और सूर्य ने बारी-बारी से उठकर सलाम किया। इस वीर का बल देखिये कि सदियों बाद भी संसार के लोगों का बहुत-सा हिस्सा उसके पवित्र नाम पर जीता है और अपने छोटे-से जीवन को अति तुच्छ समझकर अनदेखे-अनजाने केवल सुने-सुनाये नाम पर कुर्बान कर देने को अपने जीवन का सबसे उत्तम फल समझता है।

सत्त्वगुण के समुद्र में जिनका अन्तःकरण निमग्न हो गया वही महात्मा, साधु और वीर हैं। ये लोग अपने क्षुद्र जीवन को परित्याग कर ऐसा ईश्वरीय जीवन पाते हैं कि उनके लिए संसार के कुल अगम्य मार्ग साफ़ हो जाते हैं। आकाश उनके ऊपर बादलों के छाते लगाता है। प्रकृति उनके मनोहर माथे पर राजतिलक करती है। हमारे असली और सच्चे राजा ये ही साधु पुरुष हैं। हीरे और लाल के जड़े हुए, सोने और चाँदी के जर्क-बर्क सिंहासन पर बैठने वाले दुनिया के राजों को तो, जो ग़रीब किसानों की कमाई हुई दौलत पर पिंडोपजीवी होते हैं, लोगों ने अपनी मूर्खता से वीर बना रखा है। यह जरी, मखमल और जेवरों से लदे हुए मांस के पुतले तो हरदम काँपते रहते हैं। इन्द्र की तरह ऐश्वर्यवान् और बलवान् होने पर भी दुनिया के ये छोटे 'जार्ज' बड़े कायर होते हैं। क्यों न हों; इनकी हुकूमत लोगो के दिलों पर नहीं होती। दुनिया के राजाओं के बल की दौड़ लोगों के शरीर तक है। हाँ, जब कभी किसी अकबर का राज लोगों के दिलों पर होता है तब इन कायरों की धरती में मानो एक सच्चा वीर पैदा हुआ।

एक बाग़ी गुलाम और एक बादशाह की बातचीत हुई। यह क़ैदी गुलाम दिल से आजाद था। बादशाह ने कहा—"मैं तुमको अभी जान से मार डालूँगा। तुम क्या कर सकते हो?" गुलाम बोला—"हाँ मैं फाँसी पर तो चढ़ जाऊँगा, पर तुम्हारा तिरस्कार तब भी कर सकता हूँ।" बस, इतना ही ज़ोर और इतनी ही शेखी; ये झूठे राजे शरीर को दुःख दे और मारपीटकर अनजान लोगों को डराते हैं। और भोले लोग उनसे डरते रहते हैं। चूँकि सब लोग शरीर को अपने जीवन का केन्द्र समझते हैं; इसलिए जहाँ किसी ने उनके शरीर पर ज़रा जोर से हाथ लगाया, वहीं वे मारे डर के अधमरे हो जाते हैं; शरीर-रक्षा की गरज़ से ये लोग इन राजाओं की ऊपरी मन से पूजा करते हैं। जैसे ये राजा वैसा उनका सत्कार! जिनका बल शरीर को ज़रा-सी रस्सी से लटकाकर मार देने ही भर का है, भला उनका और उन बलवान् और सच्चे राजाओं का क्या मुक़ाबला, जिनका सिंहासन लोगों के हृदय-कमल की पंखुड़ियों पर है। सच्चे राजा अपने प्रेम के ज़ोर से लोगों के दिलों को सदा के लिए बाँध देते हैं। दिलों पर हुकूमत करने वाले फ़ौज, तोप, बन्दूक आदि के बिना ही

वे शाहंशाह-ज़माना होते हैं। ऐसे वीर पुरुष का लक्षण अमेरिका के ऋषि इमर्सन ने इस तरह लिखा है–

"The hero has a mind of such balance that no disturbances can shake his will, but pleasantly, and as if it were merrily, he advances to his own music, alike in frightful alarms and in the tipsi mists of universal dissolutenss."

[वीर का मस्तिष्क इतना संतुलित होता है कि कोई भी बाधा उसकी इच्छाशक्ति को डिगा नहीं सकती, आनन्दपूर्वक हँसते-खेलते वह अपनी ही धुन में मस्त भयानक चेतावनी और मादक विश्वव्यापी विषयासक्ति के बीच समान रूप से निर्लिप्त आगे बढ़ा चला जाता है।]

मंसूर ने अपनी मौज में आकर कहा है कि–"मैं खुदा हूँ।" दुनिया के बादशाह से कहा–"यह काफ़िर है।" मगर मंसूर ने अपने कमाल को बन्द न किया। पत्थर मार-मारकर दुनिया ने उसके शरीर की बुरी दशा की; परन्तु उस मर्द के हर बोल से यही शब्द निकले "अनलहक!"–"अहं ब्रह्मास्मि"– "मैं ही ब्रह्म हूँ!" मंसूर का सूली पर चढ़ना उसके लिए सिर्फ़ खेल था। बादशाह ने समझा, मंसूर मारा गया।

शम्स तबरेज को भी ऐसा ही काफ़िर समझकर बादशाह ने हुक्म दिया कि इसकी खाल उतार दो। शम्स ने खाल उतारी और बादशाह को, दरवाज़े पर आये हुए कुत्ते की तरह भिखारी समझकर, वह खाल खाने के लिए दे दी। देकर वह अपनी गज़ल बराबर गाता रहा, "भीख माँगने वाला तेरे दरवाज़े पर आया है, ऐ शाहदिल! कुछ इसको दे दे।" खाल उतारकर फेंक दी! वाह रे सत्पुरुष!

भगवान् शंकर जब गुजरात की तरफ यात्रा कर रहे थे, तब एक कापालिक हाथ जोड़े सामने आकर खड़ा हुआ। भगवान् ने कहा, "माँग, क्या माँगता है?" उसने कहा–"हे भगवान्! आजकल के राजा लोग बड़े कंगाल हैं। उनसे अब हमें दान नहीं मिलता। आप ब्रह्मज्ञानी और सबसे बड़े दानी हैं। इसलिए मैं आपके पास आया हूँ। आप अपनी कृपा से मुझे अपना सिर दान करें जिसकी भेंट चढ़ाकर मैं अपनी देवी को प्रसन्न करूँगा और अपना यज्ञ पूरा करूँगा।" भगवान् ने मौज में आकर कहा, "अच्छा, कल यह सिर उतार कर ले जाना और काम सिद्ध कर लेना!"

एक दफ़ा दो वीर पुरुष अकबर के दरबार में आये। वे लोग रोज़गार की तलाश में थे। अकबर ने कहा–"अपनी-अपनी वीरता का सबूत दो!" बादशाह ने कैसी मूर्खता की; वीरता का भला वे क्या सबूत देते! तुरन्त दोनों ने तलवारें निकाल लीं और एक-दूसरे के सामने कर उनकी तेज़ धार पर दौड़ गए और वहीं राजा के सामने क्षण-भर में अपने खून में ढेर हो गए।

ऐसे दैवी वीर रुपया, पैसे, माल, धन का दान नहीं किया करते। जब वे दान देने की इच्छा करते हैं तब अपने-आपको हवन कर देते हैं। बुद्ध महाराज ने जब एक राजा को मृग मारते देखा, तब अपना शरीर आगे कर दिया, जिसमें मृग बच जाय, बुद्ध का शरीर चाहे चला जाय। ऐसे लोग कभी बड़े मौकों का इन्तज़ार नहीं करते; छोटे मौकों को ही बड़ा बना देते हैं।

जब किसी का भाग्योदय हुआ और उसे जोश आया तब जान लो कि संसार में एक तूफ़ान आ गया। उसकी चाल के सामने फिर कोई रुकावट नहीं आ सकती। पहाड़ों की पसलियाँ तोड़कर ये लोग हवा के बगोले की तरह निकल जाते हैं, उनके बल का इशारा भूचाल देता है और उनके दिल की हरकत का निशान समुद्र का तूफ़ान देता है। क़ुदरत की और कोई ताक़त उनके सामने फड़क नहीं सकती। सब चीज़ें थक जाती हैं। विधाता भी साँस रोककर उनकी राह को देखता है। यूरोप में जब रोम के पोप का ज़ोर बहुत बढ़ गया था तब उसका मुक़ाबला कोई भी बादशाह नहीं कर सकता था। पोप की आँखों के इशारे से यूरोप के बादशाह तख़्त से उतार दिए जा सकते थे। पोप का सिक्का यूरोप के लोगों पर ऐसा बैठ गया था कि उसकी बात को लोग ब्रह्म-वाक्य से भी बढ़कर समझते थे और पोप को ईश्वर का प्रतिनिधि मानते थे। लाखों ईसाई साधु-संन्यासी और यूरोप के तमाम गिरजे पोप के हुक्म की पाबन्दी करते थे। जिस तरह चूहे की जान बिल्ली के हाथ में होती है उसी तरह पोप ने यूरोप-वासियों की जान अपने हाथ में कर ली थी। इस पोप का बल और आतंक बड़ा भयानक था। मगर जर्मनी के एक छोटे-से मन्दिर में एक कंगाल पादरी की आत्मा जल उठी। पोप ने इतनी लीला फैलाई थी कि यूरोप में स्वर्ग और नरक के टिकट बड़े-बड़े दामों पर बिकते थे, टिकट बेच-बेचकर यह पोप बड़ा विषयी हो गया था। लूथर के पास जब ये टिकट बिक्री होने को पहुँचे तब उसने पहले तो एक चिट्ठी लिखकर भेजी कि ऐसे काम झूठे और पापमय हैं और बन्द होने चाहिए। पोप ने इसका उत्तर दिया—"लूथर, तुम इस गुस्ताखी के बदले में आग में ज़िन्दा जला दिये जाओगे!" इस जवाब से लूथर की आत्मा की आग और भी भड़की। उसने लिखा, "अब मैंने अपने दिल में निश्चय कर लिया है कि तुम ईश्वर के तो नहीं किन्तु शैतान के प्रतिनिधि हो। अपने-आपको ईश्वर के प्रतिनिधि कहने वाले मिथ्यावादी, जब मैंने तुम्हारे पास सत्यार्थ का सन्देश भेजा, तुमने आग और जल्लाद के नामों से जवाब दिया। इससे साफ प्रतीत होता है कि तुम शैतान की दलदल पर खड़े हो, न कि सत्य की चट्टान पर। यह लो तुम्हारे टिकटों के गट्ठे मैंने आग में फेंके! जो मुझे करना था मैंने कर दिया; जो अब तुम्हारी इच्छा हो करो! मैं सत्य की चट्टान पर खड़ा हूँ।" इस छोटे-से

संन्यासी ने वह तूफ़ान यूरोप में पैदा कर दिया जिसकी एक लहर से पोप का सारा जंगी बेड़ा चकनाचूर हो गया। तूफ़ान में एक तिनके की तरह वह न मालूम कहाँ उड़ गया।

महाराजा रणजीतसिंह ने फौज से कहा, "अटक के पार जाओ!" अटक चढ़ी हुई थी और भयंकर लहरें उठ रही थीं। जब फ़ौज ने कुछ उत्साह ज़ाहिर न किया तब उस वीर को जरा जोश आया। महाराज ने अपना घोड़ा दरिया में डाल दिया। कहा जाता है कि अटक सूख गई और सब पार निकल गए।

दुनिया में जंग के सब सामान जमा हैं। लाखों आदमी, मरने-मारने को तैयार हो रहे हैं। गोलियाँ पानी की तरह मूसलाधार बरस रही हैं। यह देखो, वीर को जोश आया। उसने कहा, "हाल्ट!" (ठहरो)। तमाम फौज निस्तब्ध होकर सकते की हालत में खड़ी हो गई, आल्प्स के पहाड़ों पर फौज ने चढ़ना ज्यों ही असंभव समझा, त्यों ही वीर ने कहा, "आल्प्स है ही नहीं।" फौज को निश्चय हो गया कि आल्प्स है ही नहीं, और सब लोग पार हो गए।

एक भेड़ चराने वाली और सतोगुण में डूबी हुई युवती कन्या के दिल में जोश आते ही कुल फ्रांस एक भारी शिकस्त से बच गया।

अपने-आपको हर घड़ी, हर पल महान् से भी महान् बनाने का नाम वीरता है। वीरता के कारनामे तो एक गौण बात है, असल वीर तो इन कारनामों को अपनी दिनचर्या में लिखते भी नहीं। असल दरख़्त तो जमीन से रस ग्रहण करने में लगा रहता है। उसे यह ख़याल ही नहीं होता कि मुझमें कितने फल या फूल लगेंगे और कब लगेंगे। उसका काम तो अपने-आपको सत्य में रखना है, सत्य को अपने अन्दर कूट-कूट कर भरना है, अन्दर-ही-अन्दर बढ़ना है, उसे इस चिन्ता से क्या मतलब कि कौन मेरे फल खायेगा या मैंने कितने फल लोगों को दिये!

वीरता का विकास नाना प्रकार से होता है। कभी तो उसका विकास लड़ने-मरने में, खून बहाने में, तलवार-तोप के सामने जान गँवाने में होता है; कभी प्रेम के मैदान में उसका झण्डा खड़ा होता है। कभी साहित्य और संगीत में वीरता खिलती है। कभी जीवन के गूढ़ तत्त्व और सत्य की तलाश में बुद्ध जैसे राजा विरक्त होकर वीर हो जाते हैं। कभी किसी आदर्श पर और कभी किसी पर वीरता अपना फरहरा लहराती है। परन्तु वीरता एक प्रकार का इलहाम है। जब कभी इसका विकास हुआ तभी एक नया कमाल नज़र आया; एक नया जलाल पैदा हुआ; एक नयी रौनक, एक नया रंग, एक नयी बहार, एक नई प्रभुता संसार में छा गई। वीरता हमेशा निराली और नयी होती है। नयापन भी वीरता का एक खास रंग है। हिन्दुओं के पुराणों का वह आलंकारिक खयाल, जिसे पुराणकारों ने ईश्वरावतारों को

अजीब-अजीब और भिन्न लिबास दिये हैं, सच्चा मालूम होता है; क्योंकि वीरता का एक विकास दूसरे विकास से कभी किसी तरह मिल नहीं सकता। वीरता की कभी नकल नहीं हो सकती; जैसे मन की प्रसन्नता कभी कोई उधार नहीं ले सकता। वीरता देश-काल के अनुसार संसार में जब कभी प्रकट हुई तभी एक नया स्वरूप लेकर आयी, जिसके दर्शन करते ही सब लोग चकित हो गए, कुछ बन न पड़ा और वीरता के आगे सिर झुका दिया।

जापानी वीरता की मूर्ति पूजते हैं। इस मूर्ति का दर्शन वे चेरी के फूल की शांत हँसी में करते हैं। क्या ही सच्ची और कौशलमयी पूजा है! वीरता सदा ज़ोर से भरा हुआ ही उपदेश नहीं करती। वीरता कभी-कभी हृदय की कोमलता का भी दर्शन कराती है। ऐसी कोमलता और सुन्दरता देखकर सारी प्रकृति कोमल हो जाती है, ऐसी सुन्दरता देखकर लोग मोहित हो जाते हैं। जब कोमलता और सुन्दरता के रूप में वह दर्शन देती है तब चेरी फूल से भी ज़्यादा नाज़ुक और मनोहर होती है। जिस शख़्स ने यूरोप को क्रूसेड्स के लिए हिला दिया, वह उन सबसे बड़ा वीर था जो लड़ाई में लड़े थे। इस पुरुष में वीरता ने आँसुओं और आहों का लिबास लिया। देखो, एक छोटा-सा मामूली आदमी यूरोप में जाकर रोता है कि हाय, हमारे तीर्थ हमारे वास्ते खुले नहीं और पालिस्टन के राजा यूरोप के यात्रियों को दिक़ करते हैं। इस आँसू-भरी अपील को सुनकर सारा यूरोप उसके साथ रो उठा। यह आला दर्जे की वीरता है!

नाइटिंगिल के साये को बीमार लोग सब दवाइयों से उत्तम समझते थे। उसके दर्शनों ही से कितने ही बीमार अच्छे हो जाते थे। वह आला दर्जे का सच्चा परन्द है जो बीमारों के सिरहाने खड़ा होकर दिन-रात ग़रीबों की निष्काम सेवा करता है और गन्दे ज़ख़्मों को जरूरत के वक्त अपने मुख से चूसकर साफ़ करता है। लोगों के दिलों पर ऐसे प्रेम का राज्य अटल है। वह वीरता पर्दानशीं हिन्दुस्तानी औरत की तरह चाहे कभी दुनिया के सामने न आये, इतिहास के वर्क़ों के काले हर्फ़ों में न आये, तो भी संसार ऐसे ही बल से जीता है।

—वीर पुरुष का दिल सबका दिल हो जाता है। उसका मन सबका मन हो जाता है। उसके खयाल सबके खयाल हो जाते हैं। सबके संकल्प उसके संकल्प हो जाते हैं। उसका बल सबका बल हो जाता है। वह सबका और सब उसके हो जाते हैं।

वीरों के बनाने के कारख़ाने क़ायम नहीं हो सकते। वे तो देवदार के दरख़्तों की तरह जीवन के अरण्य में खुद-ब-खुद पैदा होते हैं और बिना किसी के पानी दिये, बिना किसी के दूध पिलाये, बिना किसी के हाथ लगाये, तैयार होते हैं।

दुनिया के मैदान में अचानक ही सामने आकर वे खड़े हो जाते हैं।' उनका सारा जीवन अन्दर ही अन्दर होता है। बाहर तो जवाहिरात की खानों की ऊपरी ज़मीन की तरह कुछ भी दृष्टि में नहीं आता। वीर की ज़िन्दगी मुश्किल से कभी-कभी बाहर नज़र आती है, नहीं तो उसका स्वभाव छिपे रहने का है।

—मैं एक छिपा हुआ रत्न था। मुझे मेरी देदीप्यमान् किरणों ने प्रकट किया।

वह लाल गुदड़ियों के भीतर छिपा रहता है। कन्दराओं में, ग़ारों में, छोटी-छोटी झोंपड़ियों में बड़े-बड़े महात्मा छिपे रहते हैं। पुस्तकों और अखबारों को पढ़ने से या विद्वानों के व्याख्यानों को सुनने से तो बस ड्राइंग-हॉल के वीर पैदा होते हैं। उनकी वीरता अनजान लोगों से अपनी स्तुति सुनने तक खत्म हो जाती है। असली वीर तो दुनिया की बनावट और लिखावट के मखौलों के लिए नहीं जीते।

—वीरों के रक्त का मूल्य आपके बाज़ारों में नहीं लग सकता।

अपने सम्मान का बलिदान कर मैं आत्म-स्वातंत्र्य का आनन्द भोगता हूँ।

हर दफ़ा दिखावे और नाम की खातिर छाती ठोंककर आगे बढ़ना और फिर पीछे हटना परले दर्जे की बुज़दिली है। वीर तो यह समझता है कि मनुष्य का जीवन एक ज़रा-सी चीज़ है। वह सिर्फ एक बार के लिए काफ़ी है। मानो इस बन्दूक में एक ही गोली है। हाँ, कायर पुरुष इसको बड़ा ही कीमती और कभी न टूटने वाला हथियार समझते हैं। हर घड़ी आगे बढ़कर और यह दिखाकर कि हम बड़े हैं वे फिर पीछे इस गरज़ से हट जाते हैं कि उनका अनमोल जीवन किसी और भी उत्तम काम के लिए बच जाय; बादल गरज-गरजकर ऐसे ही चले जाते हैं, परन्तु बरसने वाले बादल ज़रा देर में बारह इंच तक बरस जाते हैं।

कायर पुरुष कहते हैं—"आगे बढ़े चलो!" वीर कहते हैं—"पीछे हट चलो!" कायर कहते हैं—"उठाओ तलवार!" वीर कहते हैं—"सिर आगे करो!" वीर का जीवन तो प्रकृति ने अपनी शक्तियों को एकत्र, संचय (Conserve) करने को बनाया है। सम्भव है कि और पदार्थ उसने अपनी शक्तियों को फिजूल खो देने (Dissipate) के लिए बनाये हों। मगर वीर पुरुष का शरीर कुदरत की कुल ताक़तों का समूह (Conservation) है। कुदरत का यह मरक़ज हिल नहीं सकता। सूर्य का चक्कर हिल जाय तो कोई बात नहीं परन्तु वीर के दिल में जो दैवी केन्द्र (Divine Centre) है, वह अचल है। क़ुदरत के पदार्थों की पॉलिसी चाहे आगे बढ़ने की हो, अर्थात अपने बल को नष्ट करने की हो, मगर वीरों की पॉलिसी बल को हर तरह इकट्ठा करने और बढ़ाने की होती है। वीर तो अपने अन्दर ही 'मार्च' करते हैं, क्योंकि हृदयाकाश के केन्द्र में खड़े होकर वे कुल संसार को हिला सकते हैं।

बेचारी मरियम का लाड़ला, खूबसूरत जवान, अपने मद में मतवाला और अपने-आपको शहंशाह-हक़ीक़ी कहने वाला ईसा मसीह क्या उस समय कमज़ोर मालूम पड़ता है जब भारी सलीब उठाकर कभी गिरता, कभी जख्मी होता और कभी बेहोश हो जाता है? कोई पत्थर मारता है, कोई ढेला मारता है, कोई थूकता है, मगर उस मर्द का दिल नहीं हिलता। कोई क्षुद्र-हृदय और कायर होता तो अपनी बादशाहत के बल की गुत्थियाँ खोल देता; अपनी ताक़त को ज़ाया कर देता; और सम्भव है कि एक निगाह से उस सल्तनत के तख्ते को उलट देता और मुसीबत को टाल देता; परन्तु जिसको हम मुसीबत जानते हैं उसको वह मखौल समझता था। "सूली मुझे है सेज पिया की, सोने दो मीठी-मीठी नींद है आती।" अमर ईसा को भला दुनिया के विषय-विकार में ग़र्क लोग क्या जान सकते थे! अगर चार चिड़ियाँ मिलकर मुझे फाँसी का हुक्म सुना दें और मैं उसे सुनकर रो दूँ या डर जाऊँ तो मेरा गौरव चिड़ियों से भी कम हो जाय। जैसे चिड़ियाँ मुझे फाँसी देकर उड़ गयीं, वैसे ही बादशाह और बादशाहतें आज ख़ाक में मिल गई हैं। सचमुच ही वह छोटा-सा बाबा लोगों का सच्चा बादशाह है। चिड़ियों और जानवरों की कचहरियों के फैसले से जो डरते हैं या मरते हैं वे मनुष्य नहीं हो सकते। राजा जी ने जहर के प्याले से मीराबाई को डराना चाहा। मगर वाह री सच्चाई! मीरा ने इस जहर को भी अमृत मानकर पी लिया। वह शेर और हाथी के सामने गई, मगर वाह रे प्रेम! मस्त हाथी और शेर ने देवी के चरणों की धूल को अपने मस्तक पर मला और अपना रास्ता लिया। इस वास्ते वीर पुरुष आगे नहीं, पीछे जाते हैं। अन्दर ध्यान करते हैं। मारते नहीं, मरते हैं।

वह वीर क्या, जो टीन के बर्तन की तरह झट गरम और झट ठंडा हो जाता है! सदियों नीचे आग जलती रहे तो भी शायद ही वीर गरम हो और हज़ारों वर्ष बर्फ उस पर जमती रहे तो भी क्या मजाल जो उसकी वाणी तक ठण्डी हो। उसे खुद गरम और सर्द होने से क्या मतलब! कारलायल को जो आजकल की सभ्यता पर गुस्सा आया, तो दुनिया में एक नयी शक्ति और नयी ज़बान पैदा हुई। कारलायल अंग्रेज ज़रूर है; पर उसकी बोली सबसे निराली है; उसके शब्द मानो आग की चिनगारियाँ हैं जो आदमी के दिलों में आग-सी लगा देते हैं। सब कुछ बदल जाय, मगर कारलायल की गरमी कभी कम न होगी। यदि हज़ार वर्ष संसार में दुखड़े और दर्द रोये जायें तो भी बुद्धि की शक्ति और दिल की ठंडक एक दर्जा भी इधर-उधर न होगी। यहाँ आकर फिजिक्स के नियम रो देते हैं। हज़ारों वर्ष आग जलती रहे तो भी थर्मामीटर जैसे का तैसा ही रहेगा। बाबर के सिपाहियों ने और लोगों के साथ गुरु नानक को भी बेगार में पकड़ लिया। उनके सिर पर बोझ रखा और

कहा—"चलो!" आप चल पड़े। दौड़, धूप, बोझ, मुसीबत, बेगार में पकड़ी हुई स्त्रियों का रोना, शरीफ़ लोगों का दुःख, गाँव के गाँव का जलना—सब किस्म की दुखदायी बातें हो रही हैं। मगर किसी का कुछ असर नहीं हुआ। गुरु नानक ने अपने साथी मर्दाना से कहा—"मर्दाना, सारंगी बजाओ, हम गाते हैं।" उस भीड़ में सारंगी बज रही है और आप गा रहे हैं! वाह री शांति!

अगर कोई छोटा-सा बच्चा नेपोलियन के कन्धे पर चढ़कर उसके सिर के बाल खींचे, तो क्या नेपोलियन इसको अपनी बेइज़्ज़ती समझकर उस बालक को ज़मीन पर पटक देगा ताकि लोग उसको बड़ा वीर कहें? इसी तरह सच्चे वीर जब उनके बाल दुनिया की चिड़ियाँ नोचती हैं, सब कुछ परवाह नहीं करते क्योंकि उनका जीवन आस-पास वालों के जीवन से निहायत ही बढ़-चढ़कर, ऊँचा और बलवान् होता है। भला ऐसी बातों पर वीर कब हिलते हैं! जब उनकी मौज आयी, तभी मैदान उनके हाथ है।

जापान के एक छोटे-से गाँव की झोंपड़ी में छोटे क़द का एक जापानी रहता था। उसका नाम ओशियो था। यह पुरुष बड़ा अनुभवी और ज्ञानी था। उसे दीन-दुनिया से कुछ सरोकार न था। बड़े कड़े मिज़ाज का स्थिर, धीर और अपने खयालात के समुद्र में डूबा रहने वाला पुरुष था। आसपास रहने वाले लोगों के लड़के इस साधु के पास आया-जाया करते थे और वह उनको मुफ़्त में पढ़ाता था। जो कुछ मिल जाता, वही खा लेता था। दुनिया की व्यावहारिक दृष्टि से वह एक क़िस्म का निखट्टू था, क्योंकि इस पुरुष ने संसार का कोई बड़ा काम नहीं किया था। उसकी उम्र शान्ति और सतोगुण में गुज़र गई थी। लोग समझते थे कि वह एक मामूली आदमी था। एक दफे इत्तिफ़ाक से दो-तीन फसलों के न होने से इस फकीर के आस-पास के मुल्क में दुर्भिक्ष पड़ गया। दुर्भिक्ष बड़ा भयानक था। लोग बड़े दुःखी हुए। लाचार होकर इस नंगे-कंगाल फकीर के पास मदद माँगने आये। उसके दिल में कुछ ख़याल हुआ। उनकी मदद करने को वह तैयार हो गया। पहले वह ओसाका नामक शहर के बड़े-बड़े धनाढ्य और भद्र पुरुषों के पास गया और उनसे मदद माँगी। इन भले मानसों ने वायदा तो किया, पर उसे पूरा न किया। ओशियो ने अपने कपड़े और किताबें नीलाम कर दीं। जो कुछ मिला, मुट्ठी भरकर उन आदमियों की तरफ फेंक दिया। भला इससे क्या हो सकता था? परन्तु ओशियो का दिल इससे पूर्ण शिव-रूप हो गया। यहाँ इतना ज़िक्र कर देना काफी होगा कि जापान के लोग अपने बादशाह को पिता की तरह पूजते हैं, उनकी आत्मा की यह एक आदत है। ऐसी क़ौम के हज़ारों आदमी इस वीर के पास जमा हैं। ओशियो ने कहा—"सब लोग हाथ में बाँस लेकर तैयार हो जाओ और बग़ावत

का झण्डा खड़ा कर दो!" कोई भी चूँ व चरा न कर सका। बगावत का झण्डा खड़ा हो गया। ओशियो एक बाँस पकड़कर सबके आगे किओटो जाकर बादशाह के क़िले पर हमला करने के लिए चला। इस फकीर के जनरल की फौज की चाल को कौन रोक सकता था! जब शाही किले के सरदार ने देखा, तब उसने रिपोर्ट की और आज्ञा माँगी कि ओशियो और उसकी बागी फौज पर बन्दूकों की बाढ़ छोड़ी जाय? हुक्म हुआ कि "नहीं, ओशियो तो कुदरत के सब्ज वर्कों को पढ़ने वाला है। वह किसी ख़ास बात के लिए चढ़ाई करने आया होगा। उसको हमला करने दो!" जब ओशियो क़िले में दाखिल हुआ, तब वह सरदार इस मस्त जनरल को पकड़कर बादशाह के पास ले गया। उस वक्त ओशियो ने कहा, "वे राजभण्डार, जो अनाज से भरे हुए हैं, गरीबों की मदद के लिए क्यों नहीं खोल दिये जाते?"

जापान के राजा को डर-सा लगा। एक वीर उसके सामने खड़ा था, जिसकी आवाज में दैवी शक्ति थी। हुक्म हुआ कि "शाही भण्डार खोल दिये जायें और सारा अन्न दरिद्र किसानों को बाँटा जाय!" सब सेना और पुलिस धरी-की-धरी रह गई। मन्त्रियों के दफ्तर लगे-के-लगे रहे। ओशियो ने जिस पर कमर बाँधी, उसको कर दिखाया। लोगों की विपत्ति कुछ दिनों के लिए दूर हो गई। ओशियो के हृदय की सफाई, सचाई और दृढ़ता के सामने भला कौन ठहर सकता था! सत्य की सदा जीत होती है। यह भी वीरता का एक चिह्न है। रूस के ज़ार ने सब लोगों को फाँसी दे दी; किन्तु टालस्टाय को वह दिल से प्रणाम करता था। उनकी बातों का आदर करता था। जय वहीं होती है जहाँ हृदय की पवित्रता और प्रेम है। दुनिया किसी कूड़े के ढेर पर नहीं खड़ी कि जिस मुर्ग़ ने बाँग दी, वही सिद्ध हो गया। दुनिया धर्म और अटल आध्यात्मिक नियमों पर खड़ी है। जो अपने-आप को उन नियमों के साथ अभेद करके खड़ा हुआ है वह विजयी हो गया। आजकल लोग कहते हैं— काम करो, काम करो; पर हमें तो ये बातें निरर्थक मालूम होती हैं। पहले काम करने का बल पैदा करो; अपने अन्दर-ही-अन्दर वृक्ष की तरह बढ़ो। आजकल भारतवर्ष में परोपकार करने का बुखार फैल रहा है। जिसको 105 डिग्री का यह बुखार चढ़ा, वह आजकल के भारतवर्ष का ऋषि हो गया। आजकल भारतवर्ष में अख़बारों की टकसाल में गढ़े हुए वीर दर्जनों मिलते हैं। जहाँ किसी ने एक-दो काम किये और आगे बढ़कर छाती दिखायी, तहाँ हिन्दुस्तान के सारे अख़बारों ने 'हीरो' (Hero) की पुकार मचायी। बस, एक नया वीर तैयार हो गया। ये तो पागलपन की लहरें हैं। अखबार लिखने वाले मामूली सिक्के के मनुष्य होते हैं। उनकी स्तुति और निन्दा पर क्यों मरे जाते हो? अपने जीवन को अख़बारों के छोटे-छोटे पैराग्राफों के ऊपर क्यों लटका रहे हो? क्या यह सच नहीं

कि हमारे आजकल के वीरों की जानें अखबारों के लेखों में हैं? जो इन्होंने रंग बदला तो हमारे वीरों के रंग बदले, होंठ खुश्क हुए और वीरता की आशाएँ टूट पड़ीं।

प्यारे, अन्दर के केन्द्र की ओर अपनी चाल उलटो और इस दिखावटी और बनावटी जीवन की चंचलता में अपने-आप को न खो दो। वीर नहीं तो वीरों के अनुगामी हो और वीरता के काम नहीं, तो धीरे-धीरे अपने अन्दर वीरता के परमाणुओं को जमा करो।

जब हम कभी वीरों का हाल सुनते हैं, तब हमारे अन्दर भी वीरता की लहरें उठती हैं और वीरता का रंग चढ़ जाता है। परन्तु वह चिरस्थायी नहीं होता। इसका कारण सिर्फ यही है कि हम में भीतर वीरता का मलबा तो होता नहीं, सिर्फ खयाली महल उसके दिखलाने के लिए बनाना चाहते हैं। टीन के बर्तन का स्वभाव छोड़कर अपने जीवन के केन्द्र में निवास करो और सच्चाई की चट्टान पर दृढ़ता से खड़े हो जाओ। अपनी जिन्दगी के बचाने की कोशिशों में कुछ भी समय जाया न हो। इसलिए बाहर की सतह को छोड़कर जीवन की अन्दर की तहों में घुस जाओ; तब नये रंग खुलेंगे। नफरत और द्वैत-दृष्टि छोड़ो, रोना छूट जायगा। प्रेम और आनन्द से काम लो, शांति की वर्षा होने लगेगी और दुखड़े दूर हो जायेंगे। वीरों की, फकीरों की, पीरों की यह कूक है—हटो पीछे, अपने अन्दर जाओ! अपने-आप को देखो, दुनिया और की और हो जायेगी। अपनी आत्मिक उन्नति करो!

रामचन्द्र शुक्ल

आधुनिककाल में आलोचकों-निबन्धकारों में अपना विशिष्ट स्थान बनाने वाले रामचन्द्र शुक्ल जी का जन्म उत्तर प्रदेश में बस्ती जिले के अगोना नामक ग्राम में 1941 वि. में हुआ था। आरम्भिक शिक्षा मिर्जापुर में हुई और वहीं पर अध्यापक भी हो गए। कालान्तर में काशी विश्वविद्यालय में अध्यापन कार्य करने लगे। काशी नागरी-प्रचारिणी सभा में जब 'हिन्दी शब्द-सागर' का सम्पादन हुआ तो उसमें भी शुक्ल जी को कार्य करने का अवसर प्राप्त हुआ।

रामचन्द्र शुक्ल जी आलोचना एवं निबन्ध दोनों ही दृष्टियों से महत्त्वपूर्ण हैं। इन क्षेत्रों व विधाओं में इनकी मौलिकता व विश्लेषण की शक्ति अद्वितीय है। कल्पना के गुण से समन्वित होकर इनकी रचनाएँ अद्वितीय बन पड़ी हैं। शुक्ल जी ने मनोवैज्ञानिक एवं समीक्षात्मक दोनों ही प्रकार के निबन्धों की रचना की। समीक्षात्मक निबन्धों में कुछ का सम्बन्ध सैद्धान्तिक समीक्षा से है जिसमें काव्य के तत्त्वों का, काव्य मूल्यों का विवेचन किया है तथा पाश्चात्य काव्यसिद्धान्तों के साथ उनका तुलनात्मक अध्ययन भी प्रस्तुत किया है। 'काव्य में लोकमंगल की साधनावस्था', 'साधारणीकरण और व्यक्ति वैचित्र्यवाद', 'कविता क्या है'? आदि निबन्ध उल्लेखनीय हैं। व्यावहारिक समीक्षात्मक निबन्धों में शुक्ल जी ने विभिन्न कृतिकारों को अपने काव्य-मूल्यों की कसौटी पर कस कर देखा है। मनोवैज्ञानिक निबन्धों में शुक्ल जी ने मानवीय मनोविकारों का गहनता से विश्लेषण किया है तथा जीवन और काव्य में उनकी स्थिति को स्पष्ट किया है। इन निबन्धों में बुद्धि और हृदय दोनों का संयोग मिलता है। विचारात्मक और भावात्मक दोनों प्रकार के निबन्धों में शुक्ल जी को अपूर्व सफलता मिली है। निगमन शैली का प्रयोग मिलता है। अपने निबन्ध की विषय वस्तु को व्यक्त करने के लिए आरम्भ में ही वे एक सूत्र का आख्यान कर देते हैं फिर उसकी व्याख्या करने लग जाते हैं। भाषा विचार गाम्भीर्य

व सूक्ष्म विश्लेषण के अनुरूप है।

'उत्साह' निबन्ध मनोवैज्ञानिक निबन्ध है जिसमें शुक्ल जी ने मानव-मन में जाग्रत होने वाले मनोविकारों में उत्साह की स्थिति स्पष्ट की है। उत्साह को साहसपूर्ण आनन्द उमंग कहा है। साहस और धीरता में अन्तर करते हुए शुक्ल जी ने तथा कथित उत्साहियों पर चोट की है। ऐसे व्यक्ति शुभ-अशुभ परिणाम की ओर से निश्चिन्त रहकर केवल यशलाभ के लिए परम्परागत प्रथाओं को तोड़ने का साहस दिखाते हैं। शुक्ल जी का मानना है कि जिस आनन्द से कर्म की उत्तेजना होती है और जो कर्म करते समय तक बराबर चलता है उसी का नाम उत्साह है।

उत्साह

दुःख के वर्ग में जो स्थान भय का है, वही स्थान आनन्द-वर्ग में उत्साह का है। भय में हम प्रस्तुत कठिन स्थिति के नियम से विशेष रूप में दुःखी और कभी-कभी उस स्थिति से अपने को दूर रखने के लिए प्रयत्नवान् भी होते हैं। उत्साह में हम आने वाली कठिन स्थिति के भीतर साहस के अवसर के निश्चय द्वारा प्रस्तुत कर्म-सुख की उमंग से अवश्य प्रयत्नवान् होते हैं। उत्साह में कष्ट या हानि-सहन की दृढ़ता के साथ-साथ कर्म में प्रवृत्त होने के आनन्द का योग रहता है। साहसपूर्ण आनन्द की उमंग का नाम उत्साह है। कर्म-सौन्दर्य के उपासक ही सच्चे उत्साही कहलाते हैं।

जिन कर्मों में किसी प्रकार का कष्ट या हानि सहने का साहस अपेक्षित होता है, उन सबके प्रति उत्कण्ठापूर्ण आनन्द उत्साह के अन्तर्गत लिया जाता है। कष्ट या हानि के भेद के अनुसार उत्साह के भी भेद हो जाते हैं। साहित्य-मीमांसकों ने इसी दृष्टि से युद्ध-वीर, दान-वीर, दया-वीर इत्यादि भेद किये हैं। इनमें सबसे प्राचीन और प्रधान युद्धवीरता है, जिसमें आघात, पीड़ा या मृत्यु तक की परवाह नहीं रहती। इस प्रकार की वीरता का प्रयोजन अत्यन्त प्राचीन काल से पड़ता चला आ रहा है, जिसमें साहस और प्रयत्न दोनों चरम उत्कर्ष पर पहुँचते हैं। केवल कष्ट या पीड़ा सहन करने के साहस में ही उत्साह का स्वरूप स्फुरित नहीं होता; उसके साथ आनन्दपूर्ण प्रयत्न या उसकी उत्कण्ठा का योग चाहिए। बिना बेहोश हुए भारी फोड़ा चिराने को तैयार होना साहस कहा जाएगा, पर उत्साह नहीं। इसी प्रकार चुपचाप बिना हाथ-पैर हिलाये घोर प्रहार सहने के लिए तैयार रहना साहस और कठिन-से-कठिन प्रहार सहकर भी जगह से न हटना धीरता कही जाएगी। ऐसे साहस और धीरता को उत्साह के अन्तर्गत तभी ले सकते हैं जबकि साहसी या धीर उस काम को आनन्द के साथ करता चला जाएगा जिसके कारण उसे इतने प्रहार सहने पड़ते हैं। सारांश यह है कि आनन्दपूर्ण प्रयत्न या उसकी उत्कण्ठा में ही उत्साह का दर्शन होता है, केवल कष्ट-सहन के निश्चेष्ट साहस में

नहीं। धृति और साहस दोनों का उत्साह के बीच संचरण होता है।

दानवीर में अर्थ-त्याग का साहस, अर्थात् उसके कारण होने वाले कष्ट या कठिनता को सहने की क्षमता, अन्तर्हित रहती है। दानवीरता तभी कही जाएगी जब दान के कारण दानी को अपने जीवन-निर्वाह में किसी प्रकार का कष्ट या कठिनता दिखायी देगी। इस कष्ट या कंठिनता की मात्रा या सम्भावना जितनी ही अधिक होगी, दानवीरता उतनी ही ऊँची समझी जाएगी। पर इस अर्थ-त्याग के साहस के साथ ही जब तक पूर्ण तत्परता और आनन्द के चिह्न न दिखाई देंगे, तब तक उत्साह का स्वरूप न खड़ा होगा।

युद्ध के अतिरिक्त संसार में और भी ऐसे विकट काम होते हैं जिसमें घोर शारीरिक कष्ट सहना पड़ता है और प्राण-हानि तक की सम्भावना रहती है। अनुसंधान के लिए तुषार-मण्डित अभ्र-भेदी अगम्य पर्वतों की चढ़ाई, ध्रुव देश या सहारा के रेगिस्तान का सफर, क्रूर-बर्बर जातियों के बीच अज्ञात घोर जंगलों में प्रवेश इत्यादि भी पूरी वीरता और पराक्रम के कर्म हैं। इनमें जिस आनन्दपूर्ण तत्परता के साथ लोग प्रवृत्त हुए हैं, वह भी उत्साह ही है।

मनुष्य शारीरिक कष्ट से ही पीछे हटने वाला प्राणी नहीं है। मानसिक क्लेश की सम्भावना से भी बहुत-से कर्मों की ओर प्रवृत्त होने का साहस उसे नहीं होता। जिन बातों से समाज के बीच उपहास, निन्दा, अपमान इत्यादि का भय रहता है उन्हें अच्छी और कल्याणकारिणी समझते हुए भी बहुत-से लोग उनसे दूर रहते हैं। प्रत्यक्ष हानि देखते हुए भी कुछ प्रथाओं का अनुकरण बड़े-बड़े समझदार तक इसलिए करते चलते हैं कि उनके त्याग से वे बुरे कहे जाएँगे, लोगों में उनका आदर-सम्मान न रह जाएगा, उनके लिए मानसिक ग्लानि का कष्ट सब शारीरिक क्लेशों से बढ़कर होता है। जो लोग मान-अपमान का कुछ भी प्रचलित प्रथा के विरुद्ध पूर्ण तत्परता और प्रसन्नता के साथ कार्य करते जाते हैं वे एक ओर तो उत्साही और वीर कहलाते हैं, दूसरी ओर भारी बेहया।

किसी शुभ परिणाम पर दृष्टि रखकर निन्दा-स्तुति, मान-अपमान आदि की कुछ परवाह न करके प्रचलित प्रथाओं का उल्लंघन करने वाले वीर या उत्साही कहलाते हैं, यह देखकर बहुत से लोग केवल इस विरुद के लोभ में ही अपनी उछल-कूद दिखाया करते हैं। वे केवल उत्साही या साहसी कहे जाने के लिए ही चली आती हुई प्रथाओं को तोड़ने की धूम मचाया करते हैं। शुभ या अशुभ परिणाम से उनसे कोई मतलब नहीं, उसकी ओर उनका ध्यान लेश-मात्र नहीं रहता। जिस पक्ष के बीच की सुख्याति का वे अधिक महत्त्व समझते हैं उसकी वाहवाही से उत्पन्न आनन्द की चाह में वे दूसरे पक्ष के बीच की निन्दा या

अपमान की कुछ परवाह नहीं करते। ऐसे ओछे लोगों के साहस या उत्साह की अपेक्षा उन लोगों का उत्साह या साहस—भाव की दृष्टि से—कहीं अधिक मूल्यवान् है जो किसी प्रथा की—चाहे वह वास्तव में हानिकारिणी ही हो—उपयोगिता का सच्चा विश्वास रखते हुए प्रथा तोड़ने वालों की निन्दा, उपहास, अपमान आदि सहा करते हैं।

समाज-सुधार के वर्तमान आन्दोलनों के बीच जिस प्रकार सच्ची अनुभूति से प्रेरित उच्चाशय और गम्भीर पुरुष पाये जाते हैं उसी प्रकार तुच्छ मनोवृत्तियों द्वारा प्रेरित साहसी और दयावान् भी बहुत मिलते हैं। मैंने कई छिछोरों और लम्पटों को विधवाओं की दशा पर दया दिखाते हुए उनके पापाचार के बड़े लम्बे-चौड़े दास्तान हरदम सुनते-सुनाते पाया है। ऐसे लोग वास्तव में काम-कथा के रूप में ऐसे वृत्तान्तों का तन्मयता के साथ कथन और श्रवण करते हैं। इस ढाँचे के लोगों से सुधार के कार्य में कुछ सहायता पहुँचने के स्थान पर साहित्य के क्षेत्र में भी ऐसे लोग गन्दगी फैलाते पाये जाते हैं।

उत्साह की गिनती अच्छे गुणों में होती है। किसी भाव के अच्छे या बुरे होने का निश्चय अधिकतर उसकी प्रवृत्ति के शुभ या अशुभ परिणाम के विचार से होता है। वही उत्साह जो कर्त्तव्य-कर्मों के प्रति इतना सुन्दर दिखाई पड़ता है, अकर्तव्य कर्मों की ओर होने पर वैसा श्लाघ्य नहीं प्रतीत होता। आत्मरक्षा, पर-रक्षा, देश-रक्षा आदि के निमित्त साहस की जो उमंग देखी जाती है उसके सौन्दर्य को परपीड़न, डकैती आदि कर्मों का साहस कभी नहीं पहुँच सकता। यह बात होते हुए भी विशुद्ध उत्साह या साहस की प्रशंसा संसार में थोड़ी-बहुत होती ही है। अत्याचारियों या डाकुओं के शौर्य और साहस की कथाएँ भी लोग तारीफ़ करते हुए सुनाते हैं।

अब तक उत्साह का प्रधान रूप ही हमारे सामने रहा जिसमें साहस का पूरा योग रहता है। पर कर्म-मात्र के सम्पादन में जो तत्परतापूर्ण आनन्द देखा जाता है, वह भी उत्साह ही कहा जाता है। सब कर्मों में साहस अपेक्षित नहीं होता, पर थोड़ा-बहुत आराम-विश्राम, सुभीते इत्यादि का त्याग सबमें करना पड़ता है, और कुछ नहीं तो उठकर बैठना, खड़ा होना, या दस-पाँच क़दम चलना ही पड़ता है। जब तक आनन्द का लगाव किसी क्रिया, व्यापार या उसकी भावना के साथ नहीं दिखायी पड़ता, तब तक उसे 'उत्साह' की संज्ञा प्राप्त नहीं होती। यदि किसी प्रिय मित्र के आने का समाचार पाकर हम चुपचाप ज्यों का त्यों आनन्दित होकर बैठे रह जाएँ या थोड़ा हँस भी दें तो यह हमारा उत्साह नहीं कहा जाएगा। जब हम अपने मित्र का आगमन सुनते ही उठ खड़े होंगे, उससे मिलने के लिए दौड़ पड़ेंगे और उसके ठहरने आदि के प्रबन्ध में प्रसन्नमुख इधर-उधर आते-जाते दिखाई देंगे

तब उत्साह प्रकट होगा। प्रयत्न और कर्म-संकल्प उत्साह नामक आनन्द के नित्य लक्षण हैं।

प्रत्येक कर्म में थोड़ा या बहुत बुद्धि का योग भी रहता है। कुछ कर्मों में तो बुद्धि की तत्परता और शरीर की तत्परता दोनों साथ-साथ चलती हैं, उत्साह की उमंग जिस प्रकार हाथ-पैर चलवाती है, उसी प्रकार बुद्धि से भी काम करवाती है। ऐसे उत्साह वाले वीर को कर्मवीर कहना चाहिए या बुद्धि-वीर—यह प्रश्न 'मुद्राराक्षस' नाटक बहुत अच्छी तरह हमारे सामने लाता है। चाणक्य और राक्षस के बीच जो चोटें चली हैं, वे नीति की हैं—शस्त्र की नहीं। अतः विचार करने की बात यह है कि उत्साह की अभिव्यक्ति बुद्धि-व्यापार के अवसर पर होती है अथवा बुद्धि द्वारा निश्चित उद्योग की तत्परता में ही उत्साह की अभिव्यक्ति होती है, अतः कर्मवीर ही कहना ठीक है।

बुद्धि-वीर के दृष्टान्त कभी-कभी हमारे पुराने ढंग के शास्त्रार्थों में देखने को मिल जाते हैं। जिस समय किसी भारी शास्त्रार्थी पंडित से भिड़ने के लिए कोई विद्यार्थी आनन्द के साथ सभा में आगे आता है उस समय उसके बुद्धि-साहस की प्रशंसा अवश्य होती है। वह जीते या हारे, बुद्धि-वीर समझा ही जाता है। इस ज़माने में वीरता का प्रसंग उठाकर वाग्वीर का उल्लेख यदि न हो तो बात अधूरी समझी जाएगी। ये वाग्वीर आजकल बड़ी-बड़ी सभाओं के मंचों पर से लेकर स्त्रियों के उठाए हुए पारिवारिक प्रपंचों तक में पाये जाते हैं और काफ़ी तादाद में।

थोड़ा यह भी देखना चाहिए कि उत्साह में ध्यान किस पर रहता है—कर्म पर, उसके फल पर, अथवा व्यक्ति या वस्तु पर। हमारे विचार में उत्साही वीर का ध्यान आदि से अन्त तक पूरी कर्म-शृंखला पर से होता हुआ उसकी सफलता-रूपी समाप्ति तक फैला रहता है! इसी ध्यान से जो आनन्द की तरंगें उठती हैं वही सारे प्रयत्न को आनन्दमय कर देती हैं। युद्ध-वीर में विजेतव्य कर्म-प्रेरक के रूप में स्थिर रहता है। वही कर्म के स्वरूप का भी निर्धारण करता है। पर आनन्द और साहस के मिश्रित भाव का सीधा लगाव उसके साथ नहीं रहता। सच पूछिये तो वीर के उत्साह का विषय विजय-विधायक कर्म या युद्ध ही रहता है। दानवीर और कर्मवीर पर विचार करने से यह बात स्पष्ट हो जाती है। दान दयावश, श्रद्धावश या कीर्ति-लोभ-वश दिया जाता है। यदि श्रद्धावश दान दिया जा रहा है तो पीड़ित यथार्थ में दया का विषय या आलम्बन ठहरता है। अतः उस श्रद्धा या दया की प्रेरणा से जिस कठिन या दुस्साध्य कर्म की प्रवृत्ति होती है, उसी की ओर उत्साही का साहसपूर्ण आनन्द उन्मुख कहा जा सकता है। अतः और रसों में आलम्बन का स्वरूप जैसा निर्दिष्ट होता है, वैसा वीर-रस में नहीं। बात यह है कि उत्साह एक

यौगिक भाव है जिसमें साहस और आनन्द का मेल रहता है।

जिस व्यक्ति या वस्तु पर प्रभाव डालने के लिए वीरता दिखायी जाती है, उसकी ओर उन्मुख कर्म होता है और कर्म की ओर उन्मुख उत्साह नामक भाव होता है। सारांश यह कि किसी व्यक्ति या वस्तु के साथ उत्साह का सीधा लगाव नहीं होता। समुद्र लाँघने के लिए जिस उत्साह के साथ हनुमान् उठे हैं उसका कारण समुद्र नहीं, समुद्र लाँघने का विकट कर्म है, वस्तु या व्यक्ति की भावना नहीं।

किसी कर्म के सम्बन्ध में जहाँ आनन्दपूर्वक तत्परता दिखायी पड़ी कि हम उसे उत्साह कह देते हैं। कर्म के अनुष्ठान में जो आनन्द होता है उसका विधान तीन रूपों में दिखायी पड़ता है–

1. कर्म-भावना से उत्पन्न,
2. फल-भावना से उत्पन्न,
3. आगन्तुक, अर्थात् विषयान्तर से प्राप्त।

इनमें कर्म-भावना-प्रसूत आनन्द को ही सच्चे वीरों का आनन्द समझना चाहिए, जिसमें साहस का योग प्रायः बहुत अधिक रहा करता है। सच्चा वीर जिस समय मैदान में उतरता है, उसी समय उसमें उतना आनन्द भरा रहता है जितना औरों को विजय या सफलता प्राप्त करने पर होता है। उसके सामने कर्म और फल के बीच या तो कोई अन्तर होता ही नहीं, या बहुत सिमटा हुआ होता है। इसी से वह कर्म की ओर उसी झोंक से लपकता है, जिस झोंक से जनसाधारण लोग फल की ओर लपका करते हैं। इस कर्म-प्रवर्त्तक आनन्द की मात्रा के हिसाब से शौर्य और साहस का स्फुरण होता है।

फल की भावना से उत्पन्न आनन्द भी साधक कर्मों की ओर हर्ष और तत्परता के साथ प्रवृत्ति कराता है, पर फल का लोभ जहाँ प्रधान रहता है वहाँ कर्म-विषयक आनन्द उसी फल की भावना की तीव्रता और मन्दता पर अवलम्बित रहता है। उद्योग के प्रवाह के बीच जब-जब फल की भावना मन्द पड़ती है–उसकी आस कुछ धुँधली पड़ जाती है, तब-तब आनन्द की उमंग गिर जाती है। पर कर्म-भावना-प्रधान उत्साह बराबर एकरस रहता है। फलासक्त उत्साही केवल कर्मानुष्ठान के पूर्व की अवस्था में हो जाता है। अतः हम कह सकते हैं कि कर्म-भावना-प्रधान उत्साह ही सच्चा उत्साह है। फल-भावना-प्रधान उत्साह तो लोभ का ही एक प्रच्छन्न रूप है।

उत्साह वास्तव में कर्म और फल की मिली-जुली अनुभूति है जिसकी प्रेरणा से तत्परता आती है। यदि फल दूर ही पर दिखायी पड़े, उसकी भावना के साथ ही

उसका लेश-मात्र भी कार्य या प्रयत्न के साथ लगा न मालूम हो तो हमारे हाथ-पाँव कभी न उठें और उस फल के साथ हमारा संयोग ही न हो। इससे कर्म-शृंखला की पहली कड़ी पकड़ते ही फल के आनन्द की भी कुछ अनुभूति होने लगती है। यदि हमें यह निश्चय हो जाय कि अमुक स्थान पर जाने से हमें किसी प्रिय व्यक्ति का दर्शन होगा, तो उस निश्चय के प्रभाव से हमारी यात्रा भी अत्यन्त प्रिय हो जाएगी। हम चल पड़ेंगे और हमारे अंगों की प्रत्येक गति में प्रफुल्लता दिखायी देगी। यही प्रफुल्लता कठिन-से-कठिन कर्मों के साधन में भी देखी जाती है। वे कर्म ही प्रिय हो जाते हैं और अच्छे लगने लगते हैं। जब तक फल तक पहुँचाने वाला कर्म-पथ अच्छा न लगेगा तब तक केवल फल का अच्छा लगना कुछ नहीं। फल की इच्छा-मात्र हृदय में रखकर जो प्रयत्न किया जाएगा, वह अभावमय और आनन्द-शून्य होने के कारण निर्जीव-सा होगा।

कर्म-रुचि-शून्य प्रयत्न में कभी-कभी इतनी उतावली और आकुलता होती है कि मनुष्य साधना के उत्तरोत्तर क्रम का निर्वाह न कर सकने के कारण बीच ही में चूक जाता है। मान लीजिए कि एक ऊँचे पर्वत के शिखर पर विचरते हुए किसी व्यक्ति को नीचे बहुत दूर तक गयी हुई सीढ़ियाँ दिखायी दीं, और यह मालूम हुआ कि नीचे उतरने पर सोने का ढेर मिलेगा। यदि उसमें इतनी सजीवता है कि उक्त सूचना के साथ ही वह उस स्वर्ण-राशि के साथ एक प्रकार के मानसिक संयोग का अनुभव करने लगा तथा उसका चित्त प्रफुल्ल और अंग सचेष्ट हो गए, तो उसे एक-एक सीढ़ी स्वर्णमयी दिखायी देगी; एक-एक सीढ़ी उतरने में उसे आनन्द मिलता जाएगा; एक-एक क्षण उसे सुख से बीतता हुआ जान पड़ेगा और वह प्रसन्नता के साथ उस स्वर्ण-राशि तक जा पहुँचेगा। इस प्रकार उसके प्रयत्न-काल को भी फल-प्राप्ति-काल के अन्तर्गत ही समझना चाहिए। इसके विरुद्ध यदि उसका हृदय दुर्बल होगा और उसमें इच्छा-मात्र ही उत्पन्न होकर रह जायगी, तो अभाव के बोध के कारण उसके चित्त में यही होगा कि कैसे झट से नीचे पहुँच जाए। उसे एक-एक सीढ़ी उतरना बुरा मालूम होगा और आश्चर्य नहीं कि वह या तो हार कर बैठ जाए या लड़खड़ा कर मुँह के बल गिर पड़े।

फल की विशेष आसक्ति से कर्म के लाघव की वासना उत्पन्न होती है; चित्त में आता है, कि कर्म बहुत कम या बहुत सरल करना पड़े और फल बहुत-सा मिल जाय। श्रीकृष्ण ने कर्म-मार्ग से फलासक्ति की प्रबलता हटाने का बहुत ही स्पष्ट उपदेश दिया; पर उनके समझाने पर भी भारतवासी इस वासना से ग्रस्त होकर कर्म से तो उदासीन हो बैठे और फल के इतने पीछे पड़े कि गरमी में ब्राह्मण को एक पेठा देकर पुत्र की आशा करने लगे; चार आने रोज का अनुष्ठान कराके

व्यापार में लाभ, शत्रु पर विजय, रोग से मुक्ति, धन-धान्य की वृद्धि तथा और भी न जाने क्या-क्या चाहने लगे। आसक्ति प्रस्तुत या उपस्थित वस्तु में ही ठीक कही जा सकती है। कर्म सामने उपस्थित रहता है, इससे आसक्ति उसी में चाहिए, फ़ल दूर रहता है, इससे उसकी ओर कर्म का लक्ष्य काफ़ी है। जिस आनन्द से कर्म की उत्तेजना होती है और जो आनन्द कर्म करते समय तक बराबर चलता है, उसी का नाम उत्साह है।

कर्म के मार्ग पर आनन्दपूर्वक चलता हुआ उत्साही मनुष्य यदि अन्तिम फल तक न भी पहुँचे तो भी उसकी दशा कर्म न करने वाले की अपेक्षा अधिकतर अवस्थाओं में अच्छी रहेगी; क्योंकि एक तो कर्म-काल में उसका जो जीवन बीता, वह आनन्द या सन्तोष से बीता; उसके उपरान्त फल की अप्राप्ति पर भी उसे यह पछतावा न रहा कि मैंने प्रयत्न नहीं किया। फल पहले से कोई बना-बनाया पदार्थ नहीं होता; अनुकूल प्रयत्न-कर्म के अनुसार, उसके एक-एक अंग की योजना होती है, बुद्धि द्वारा पूर्ण रूप से निश्चित की हुई व्यापार-परम्परा का नाम ही प्रयत्न है। किसी मनुष्य के घर का कोई प्राणी बीमार है। वह वैद्यों के यहाँ से जब तक औषधि ला-ला कर रोगी को देता जाता है और इधर-उधर दौड़-धूप करता जाता है, तब तक उसके चित्त में जो सन्तोष रहता है—प्रत्येक नये उपचार के साथ जो आनन्द का उन्मेष रहता है—यह उसे कदापि प्राप्त न होता, यदि वह रोता हुआ बैठा रहता। प्रयत्न की अवस्था में उसके जीवन का जितना अंश सन्तोष, आशा और उत्साह में बीता, अप्रयत्न की दशा में उतना ही अंश केवल शोक और दुःख में कटता। इसके अतिरिक्त रोगी के अच्छे न होने की दशा में भी वह आत्मग्लानि के उस कठोर दुःख से बचा रहेगा जो उसे जीवन-भर यह सोच-सोच कर होता कि मैंने प्रयत्न पूरा नहीं किया।

कर्म में आनन्द अनुभव करने वालों ही का नाम कर्मण्य है। धर्म और उदारता के उच्च कर्मों के विधान में ही एक ऐसा दिव्य आनन्द भरा रहता है कि कर्ता को वे कर्म ही फलस्वरूप लगते हैं। अत्याचार का दमन और क्लेश का शमन करते हुए चित्त में जो उल्लास और तुष्टि होती है, वही लोकोपकारी कर्मवीर का सच्चा सुख है। उसके लिए सुख तब तक के लिए रुका नहीं रहता जब तक कि फल प्राप्त न हो जाय, बल्कि उसी समय से थोड़ा-थोड़ा करके मिलने लगता है जब से वह कर्म की ओर हाथ बढ़ाता है।

कभी-कभी आनन्द का मूल विषय तो कुछ और रहता है, पर उस आनन्द के कारण एक ऐसी स्फूर्ति उत्पन्न होती है जो बहुत से कर्मों की ओर हर्ष के साथ अग्रसर करती है। इसी प्रसन्नता और तत्परता को देख लोग कहते हैं कि वे काम बड़े उत्साह से किये जा रहे हैं। यदि किसी मनुष्य को बहुत-सा लाभ हो जाता है

या उसकी कोई बड़ी भारी कामना पूर्ण हो जाती है तो जो काम उसके सामने आते हैं, उन सबको वह बड़े हर्ष और तत्परता के साथ करता है। उसके हर्ष और तत्परता को भी लोग उत्साह ही कहते हैं। इसी प्रकार किसी उत्तम फल या सुख-प्राप्ति की आशा या निश्चय से उत्पन्न आनन्द, फलोन्मुख प्रयत्नों के अतिरिक्त दूसरे व्यापारों से संलग्न होकर, उत्साह के रूप में दिखायी पड़ता है। यदि हम किसी ऐसे उद्योग में लगे हैं जिससे आगे चल कर हमें बहुत लाभ या सुख की आशा है, तो हम उस उद्योग को तो उत्साह के साथ करते ही हैं; अन्य कार्यों में भी प्रायः अपना उत्साह दिखा देते हैं।

यह बात उत्साह ही में नहीं, अन्य मनोविकारों में भी बराबर पायी जाती है। यदि हम किसी बात पर क्रुद्ध बैठे हैं और उसी बीच में कोई दूसरा आकर हमसे कोई बात सीधी तरह से पूछता है तो भी हम उस पर झुँझला उठते हैं। इस झुँझलाहट का न तो कोई निर्दिष्ट कारण होता है, न उद्देश्य। यह केवल क्रोध की स्थिति के व्याघात को रोकने की क्रिया है, क्रोध की रक्षा का प्रयत्न है। इस झुँझलाहट द्वारा हम यह प्रकट करते हैं कि हम क्रोध में हैं और क्रोध में ही रहना चाहते हैं। क्रोध को बनाये रखने के लिए हम उन बातों से भी क्रोध ही संचित करते हैं जिनसे दूसरी अवस्था में हम विपरीत भाव प्राप्त करते। इसी प्रकार यदि हमारा चित्त किसी विषय में उत्साहित रहता है, तो हम अन्य विषयों में भी अपना उत्साह दिखा देते हैं। यदि हमारा मन बढ़ा हुआ रहता है तो हम बहुत-से काम प्रसन्नतापूर्वक करने के लिए तैयार हो जाते हैं। इसी से बात का विचार करने के लिए तैयार हो जाते हैं। इसी से बात का विचार करके सलाम-साधक लोग हाकिमों से मुलाक़ात करने से पहले अर्दलियों से उनका मिज़ाज पूछ लिया करते हैं।

महादेवी वर्मा

मूलतः कवयित्री होते हुए महादेवी वर्मा के आर्द्रमन की करुणा गद्य का परिधान धारण कर संस्मरणात्मक निबन्धों के माध्यम से अभिव्यक्त होकर प्रस्तुत होती है। महादेवी वर्मा का जन्म सं. 1964 में उत्तर प्रदेश के फर्रूखाबाद नगर के एक सम्पन्न परिवार में हुआ। प्रयाग विश्वविद्यालय से संस्कृत में एम.ए. पास किया संस्कृत भाषा व साहित्य का गम्भीर अध्ययन करने के साथ-साथ भारतीय दर्शन व उपनिषदों पर भी चिन्तन मनन किया।

कवयित्री की करुणा की अन्तःसलिला इनके गद्य में भी निरन्तर विकसित होती हुई नजर आती है। 'स्मृति की रेखाएँ' एवं 'अतीत के चलचित्र' निबन्ध संग्रहों में इनके संस्मरणात्मक निबन्ध हैं। इन निबन्धों में लेखिका ने मानव-मन की कोमल गहराइयों में झाँका है। समाज का अत्यन्त उपेक्षित व नगण्य व्यक्ति यहाँ हमारा आत्मीय बनकर उभरता है। निबन्धों के माध्यम से महादेवी वर्मा हमारे अत्यन्त निकट आ जाती हैं। इनके चिन्तन का जैसा समन्वित प्रभाव दिखलाई पड़ता है, वैसा अन्यत्र नहीं। इनका गद्य-लेखिका का रूप कहीं भी कवयित्री रूप से कम महत्त्वपूर्ण नहीं।

महादेवी वर्मा की गद्यशैली के विभिन्न रूप देखने को मिलते हैं। एक रूप चिन्तन प्रधान है जो काव्यकृतियों की भूमिका में देखा जा सकता है। इसमें वैचारिकता की प्रधानता है। गद्य शैली का अन्य रूप है कलात्मक गद्य जहाँ चित्रण की प्रधानता है। इसमें मानसिक प्रतिक्रियाओं का चित्रण है जहाँ बाह्य चेष्टाओं में मन की भावनाओं को साकार किया है। अन्य गद्य शैली है ओजप्रधान जहाँ महादेवी वर्मा ने स्त्री जाति के प्रति पुरुष के अत्याचार का वर्णन किया है। यहाँ व्यंग्य शक्ति भी उभर कर आती है।

'रामा' संस्मरणात्मक निबन्ध है जहाँ निपट असहाय अकेले रामा की करुण

कथा कहकर लेखिका ने उसके प्रति अपनी ममता को उँड़ेला है। रामा का आगमन यद्यपि एक नौकर के रूप में है परन्तु माँ तो किसी की पात्रता-अपात्रता का मानदण्ड सहज संवेदना को ही मानती है अतएव सहानुभूति ने जिस सरल हृदय को परख लिया, उसी में अक्षय सौन्दर्य है। रामा पूरे परिवार से इतना घुलमिल चुका है कि उसके बिना मानो संसार ही थम जाता। किसी भी विकट स्थिति में सबका सहयोगी बन सबको उबारता है परन्तु अन्त में जब एक बार रामा माँ का कर्त्तव्यज्ञान का उपदेश सुनकर घर लौटता है तो पुनः वह इस परिवार का अंग नहीं बन सका परन्तु परिवार के बच्चों के लिए रामा आज भी सत्य है, सुन्दर है और स्मरणीय है।

रामा

रामा हमारे यहाँ कब आया यह न मैं बता सकती हूँ और न मेरे भाई-बहिन। बचपन में जिस प्रकार हम बाबू जी की विविधता भरी मेज से परिचित थे जिसके नीचे दोपहर के सन्नाटे में हमारे खिलौनों की सृष्टि बसती थी, अपने लोहे के स्प्रिंगदार विशाल पलंग को जानते थे जिस पर सो कर हम कच्छ-मत्स्यावतार जैसे लगते थे और माँ के शंखघड़ियाल से घिरे ठाकुर जी को पहचानते थे जिनका भोग अपने मुँह में अन्तर्धान कर लेने के प्रयत्न में हम आधी आँखें मीच कर बगुले के मनोयोग से घण्टी की टन-टन गिनते थे, उसी प्रकार नाटे, काले और गठे शरीरवाले रामा के बड़े नखों से लम्बी शिखा तक हमारा सनातन परिचय था।

साँप के पेट जैसी सफेद हथेली और पेड़ की टेढ़ी-मेढ़ी गाँठदार टहनियों जैसी उँगलियोंवाले हाथ की रेखा-रेखा हमारी जानी बूझी थी, क्योंकि मुँह धोने से लेकर सोने के समय तक हमारा उससे जो विग्रह चलता रहता था उसकी अस्थायी सन्धि केवल कहानी सुनते समय होती थी। दस भिन्न दिशाएँ खोजती हुई उँगलियों के बिखरे कुटुम्ब को बड़े-बूढ़े के समान सँभाले हुए काले स्थूल पैरों की आहट तक हम जान गये थे क्योंकि कोई नटखटपन करके हौले से भागने पर भी वे मानो पंख लगाकर हमारे छिपने के स्थान में जा पहुँचते थे।

शैशव की स्मृतियों में एक विचित्रता है। जब हमारी भावप्रवणता गम्भीर और प्रशान्त होती है तब अतीत की रेखायें कुहरे में स्पष्ट होती हुई वस्तुओं के समान अनायास ही स्पष्ट-से-स्पष्टतर होने लगती हैं पर जिस समय हम तर्क से उनकी उपयोगिता सिद्ध करके स्मरण करने बैठते हैं उस समय पत्थर फेंकने से हट कर मिल जाने वाली, पानी की काई के समान विस्मृति उन्हें फिर ढक लेती है।

रामा के संकीर्ण माथे पर खूब घनी भौंहें और छोटी-छोटी स्नेहतरल आँखें कभी-कभी स्मृति-पट पर अंकित हो जाती हैं और कभी धुँधली होते होते एकदम खो जाती हैं। किसी थके झुँझलाये शिल्पी की अन्तिम भूल जैसी अनगढ़ मोटी नाक, साँस के प्रवाह से फैले हुए से नथुने, मुक्त हँसी से भरकर फूले हुए से ओठ

तथा काले पत्थर की प्याली में दही की याद दिलाने वाली सघन और सफेद दन्तपंक्ति के सम्बन्ध में भी यही सत्य है।

रामा के बालों को तो आधा इंच से अधिक बढ़ने का अधिकार ही नहीं था इसी से उसकी लम्बी शिखा को साम्य की दीक्षा देने के लिए हम कैंची लिये घूमते रहते थे। पर वह शिखा तो म्याऊँ का ठौर थी क्योंकि न तो उसका स्वामी हमारे जागते हुए सोता था और न उसके जागते हुए हम ऐसे सदनुष्ठान का साहस कर सकते थे।

कदाचित् आज कहना होगा कि रामा कुरूप था, परन्तु तब उससे भव्य साथी की कल्पना भी हमें असह्य थी।

वास्तव में जीवन, सौन्दर्य की आत्मा है पर वह सामंजस्य की रेखाओं में जितनी मूर्तिमत्ता पाता है उतनी विषमता में नहीं। जैसे हम बाह्य रूपों की विविधता में उलझते जाते हैं वैसे-जैसे उनके मूलगत जीवन को भूलते जाते हैं। बालक स्थूल विविधता से विशेष परिचित नहीं होता इसी से वह केवल जीवन को पहचानता है। जहाँ उसे जीवन से स्नेह सद्भाव की किरणें फूटती जान पड़ती हैं वहाँ वह व्यक्त विषम रेखाओं की अपेक्षा कर डालता है और जहाँ द्वेष, घृणा आदि के धूम से जीवन ढका रहता है वहाँ वह बाह्य सामंजस्य को भी ग्रहण नहीं करता।

इसी से रामा हमें बहुत अच्छा लगता था। जान पड़ता है उसे भी अपनी कुरूपता का पता नहीं था तभी तो वह केवल एक मिर्जई और घुटनों तक ऊँची धोती पहनकर अपनी कुडौलता के अधिकांश की प्रदर्शनी करता रहता था। उसके पास सजने की उपयुक्त सामग्री का अभाव नहीं था क्योंकि कोठरी में अस्तर लगा लम्बा कुरता, बँधा हुआ साफा, बुन्देलखण्डी जूते और गँठीली लाठी किसी शुभ मुहूर्त्त की प्रतीक्षा करते जान पड़ते थे। उनकी अखण्ड प्रतीक्षा और रामा की अटूट उपेक्षा से द्रवित होकर ही कदाचित् हमारी कार्यकारिणी समिति में यह प्रस्ताव नित्य सर्वमत से पास होता रहता था कि कुरते की बांहों में लाठी को अटका कर खिलौनों का परदा बनाया जावे, डलिया जैसे साफे को खूँटी से उतार कर उसे गुड़ियों का हिंडोला बनने का सम्मान दिया जावे और बुन्देलखण्डी जूतों को हौज में डालकर गुड्डों के जल-विहार का स्थायी प्रबन्ध किया जावे। पर रामा अपने अँधेरे दुर्ग के चर्रमर्र में डाटते हुए द्वार को इतनी ऊँची अर्गला से बन्द रखता था कि हम स्टूल पर खड़े होकर भी छापा न मार सकते थे।

रामा के आगमन की जो कथा हम बड़े होकर सुन सके वह भी उसी के समान विचित्र है। एक दिन जब दोपहर को माँ बड़ी, पापड़ आदि के अक्षय-कोष को धूप दिखा रही थीं तब न जाने कब दुर्बल और क्लान्त रामा आँगन के द्वार की देहली

पर बैठकर किवाड़ से सिर टिकाकर, निश्चेष्ट हो रहा। उसे भिखारी समझ जब उन्होंने निकट जाकर प्रश्न किया तब वह 'ए मताई ए रामा तो भूखन के मारे जो चलो' कहता हुआ उनके पैरों पर लोट गया। दूध मिठाई आदि का रसायन देकर माँ जब रामा को पुनर्जीवन दे चुकीं तब समस्या और भी जटिल हो गई, क्योंकि भूख तो ऐसा रोग नहीं जिसमें उपचार का क्रम टूट सके।

वह बुन्देलखण्ड का ग्रामीण बालक विमाता के अत्याचार से भाग कर माँगता खाता इन्दौर तक जा पहुँचा था जहाँ न कोई अपना था और न रहने का ठिकाना। ऐसी स्थिति में रामा यदि माँ की ममता का सहज ही अधिकारी बन बैठा तो आश्चर्य क्या!

उस दिन संध्या समय जब बाबू जी लौटे तो लकड़ी रखने की कोठरी के एक कोने में रामा के बड़े-बड़े जूते विश्राम कर रहे थे और दूसरे में लम्बी लाठी समाधिस्थ थी। और हाथ-मुँह धोकर नये सेवाव्रत में दीक्षित रामा हक्का-बक्का-सा अपने कर्त्तव्य का अर्थ और सीमा समझने में लगा हुआ था।

बाबू जी तो उसके अपरूप रूप को देखकर विस्मय-विमुग्ध हो गए। हँसते-हँसते पूछा—यह किस लोक का जीव ले आये हैं धर्मराज जी? माँ के कारण हमारा घर अच्छा-खासा जू बना रहता था। बाबू जी जब लौटते तब प्रायः कभी कोई लँगड़ा भिखारी बाहर के दालान में भोजन करता रहता, कभी कोई सूरदास पिछवाड़े के द्वार पर खँजड़ी बजाकर भजन सुनाता होता, कभी पड़ोस का कोई दरिद्र बालक नया कुरता पहन कर आँगन में चौकड़ी भरता दिखाई देता और कभी कोई वृद्धा ब्राह्मणी भण्डारघर की देहली पर सीधा गठियाते मिलती।

बाबू जी ने माँ के किसी कार्य के प्रति कभी विरक्ति नहीं प्रकट की पर उन्हें चिढ़ाने में वे सुख का अनुभव करते थे।

रामा को भी उन्होंने क्षणभर को अतिथि समझा, पर माँ शीघ्रता में कोई उत्तर न खोज पाने के कारण बहुत उद्विग्न होकर कह उठीं—'मैंने खास अपने लिए इसे नौकर रख लिया है।'

जो व्यक्ति कई नौकरों के रहते हुए भी क्षणभर विश्राम नहीं करता वह केवल अपने लिए नौकर रखे यही कम आश्चर्य की बात नहीं, उसपर ऐसा विचित्र नौकर। बाबूजी का हँसते-हँसते बुरा हाल हो गया—विनोद से कहा—'ठीक ही है, नास्तिक जिनसे डर जावें ऐसे, खास साँचे में ढले सेवक ही तो धर्मराजजी की सेवा में रह सकते हैं।'

उन्हें अज्ञातकुलशील रामा पर विश्वास नहीं हुआ, पर माँ से तर्क करना व्यर्थ होता, क्योंकि वे किसी की पात्रता-अपात्रता का मापदण्ड अपनी सहज समवेदना

ही को मानती थीं। रामा की कुरूपता का आवरण भेदकर उनकी सहानुभूति ने जिस सरल हृदय को परख लिया उसमें अक्षय सौन्दर्य न होगा ऐसा सन्देह उनके लिए असम्भव था।

इस प्रकार रामा हमारे यहाँ रह गया पर उसका कर्त्तव्य निश्चित करने की समस्या नहीं सुलझी।

सब कामों के लिए पुराने नौकर थे और अपने पूजा और रसोईघर का कार्य माँ किसी को सौंप ही नहीं सकती थीं। आरती, पूजा आदि के सम्बन्ध में उनका नियम जैसा निश्चित और अपवादहीन था भोजन बनाने के सम्बन्ध में उससे कम नहीं।

एक ओर यदि उन्हें विश्वास था कि उपासना उनकी आत्मा के लिए अनिवार्य है तो दूसरी ओर दृढ़ धारणा थी कि उनका स्वयं भोजन बनाना हम सबके शरीर के लिए एकान्त आवश्यक है।

हम सब एक दूसरे से दो-दो वर्ष छोटे-बड़े थे, अतः हमारे अबोध और समझदार होने के समय में विशेष अन्तर नहीं रहा। निरन्तर यज्ञ-ध्वंस में लगे दानवों के समान हम माँ के सभी महान् अनुष्ठानों में बाधा डालने की ताक में मँडराते रहते थे, इसी से वे रामा को, हम विद्रोहियों को वश में रखने का गुरु कर्त्तव्य सौंपकर कुछ निश्चिन्त हो सकीं।

रामा सबेरे ही पूजा-घर साफ कर वहाँ के बर्तनों को नीबू से चमका देता—तब वह हमें उठाने आता। उस बड़े पलंग पर सबेरे तक हमारे सिर-पैर की दिशा और स्थितियों में न जाने कितने उलट-फेर हो चुकते थे। किसी की गर्दन को किसी का पाँव नापता रहता था, किसी के हाथ पर किसी का सर्वाङ्ग तुलता होता था और किसी की साँस रोकने के लिए किसी की पीठ दीवार बनी मिलती थी। सब परिस्थितियों का ठीक-ठाक ज्ञान प्राप्त करने के लिए रामा का कठोर हाथ कोमलता के छद्मवेश में, रजाई या चादर पर एक छोर से दूसरे छोर तक घूम आता था और तब वह किसी को गोद के रथ, किसी को कन्धे के घोड़े पर तथा किसी को पैदल ही, मुखप्रक्षालन जैसे समारोह के लिये ले जाता।

हमारा मुँह-हाथ धुलाना कोई सहज अनुष्ठान नहीं था क्योंकि रामा को 'दूध बतासा राजा खाय' का महामंत्र तो लगातार जपना ही पड़ता था, साथ ही हम एक दूसरे का राजा बनना भी स्वीकार नहीं करना चाहते थे। रामा जब मुझे राजा कहता तक नन्हे बाबू चिड़िया की चोंच जैसा मुँह खोलकर बोल उठता 'लामा इन्हें कौ लाजा कहते हो?' र कहने में भी असमर्थ उस छोटे पुरुष का दम्भ कदाचित् मुझे बहुत अस्थिर कर देता था। रामा के एक हाथ की चक्रव्यूह जैसी उँगलियों में मेरा

सिर अटका रहता था और उसके दूसरे हाथ की तीन गहरी रेखाओं वाली हथेली सुदर्शन चक्र के समान मेरे मुख पर मलिनता की खोज में घूमती रहती थी। इतना कष्ट सहकर भी दूसरों को राजत्व का अधिकारी मानना अपनी असमर्थता का ढिंढोरा पीटना था, इसी से मैं साम दण्ड भेद के द्वारा रामा को बाध्य कर देती कि वह केवल मुझी को राजा कहे। रामा ऐसे महारथियों को सन्तुष्ट करने का अमोघ मन्त्र जानता था। वह मेरे कान में हौले से कहता 'तुमई बड़डे राजा हौ जू, नन्हे नइयाँ' और कदाचित् यही नन्हे के कान में भी दोहराया जाता क्योंकि वह उत्फुल्ल होकर मंजन की डिबिया में नन्ही उँगली डालकर दाँतों के स्थान में ओठ मांजने लगता। ऐसे काम के लिए रामा का घोर निषेध था, इसी से मैं उसे गर्व से देखती मानो वह सेनापति की आज्ञा का उल्लंघन करने वाला मूर्ख सैनिक हो।

तब हम तीनों मूर्तियाँ एक पंक्ति में प्रतिष्ठित कर दी जातीं और रामा छोटे-बड़े चम्मच, दूध का प्याला, फलों की तश्तरी आदि लेकर ऐसे विचित्र और अपनी-अपनी श्रेष्ठता प्रमाणित करने के लिए व्याकुल देवताओं की अर्चना के लिए सामने आ बैठता। पर वह था बड़ा घाघ पुजारी। न जाने किस साधना के बल से देवताओं को आँख मूँदकर कौव्वे द्वारा पुजापा पाने को उत्सुक कर देता। जैसे ही हम आँख मूँदते वैसे ही किसी के मुँह में अंगूर, किसी के दाँतों में बिस्कुट और किसी के ओठों में दूध का चम्मच जा पहुँचता। न देखने का तो अभिनय ही था क्योंकि हम सभी अधखुली आँखों से रामा की काली, मोटी उँगलियों की कलाबाजी देखते ही रहते थे। और सच तो यह है कि मुझे कौव्वे की काली कठोर और अपरिचित चोंच से भय लगता था। यदि कुछ खुली आँखों से मैं काल्पनिक कौव्वे और उसकी चोंच में रामा के हाथ और उँगलियों को न पहचान लेती तो मेरा भोग का लालच छोड़कर उठ भागना अवश्यम्भावी था।

जलपान का विधान समाप्त होते ही रामा की तपस्या की इति नहीं हो जाती थी। नहाते समय आँख को साबुन के फेन से तरंगित और कान को सूखा द्वीप बनने से बचाना, कपड़े पहनते समय उनके उलटे सीधे रूपों में अतर्क वर्ण-व्यवस्था बनाये रखना, खाते समय भोजन की मात्रा और भोक्ता की सीमा में अन्याय न होने देना, खेलते समय यथावश्यकता हमारे हाथी, घोड़ा, उड़न-खटोला आदि के अभाव को दूर करना और सोते समय हम पर पंख जैसे हाथों को फैलाकर कथा सुनाते-सुनाते हमें स्वप्न-लोक के द्वार तक पहुँचा आना रामा का ही कर्त्तव्य था।

हम पर रामा की ममता जितनी अथाह थी, उस पर हमारा अत्याचार भी उतना ही सीमाहीन था। एक दिन दशहरे का मेला देखने का हठ करने पर रामा बहुत अनुनय-विनय के उपरान्त माँ से, हमें कुछ देर के लिए ले जाने की अनुमति पा

सका। खिलौने खरीदने के लिए जब उसने एक को कन्धे पर बैठाया और दूसरे को गोद लिया तब मुझे उँगली पकड़ाते हुए बार-बार कहा 'उँगरियाँ जिन छोड़ियो राजा भइया'। सिर हिला कर स्वीकृति देते-देते ही मैंने उँगली छोड़ कर मेला देखने का निश्चय कर लिया। भटकते-भटकते और दबने से बचते-बचते जब मुझे भूख लगी तब रामा का स्मरण आना स्वाभाविक था। एक मिठाई की दूकान पर खड़े होकर मैंने यथा सम्भव उद्विग्नता छिपाते हुए प्रश्न किया। 'क्या तुमने रामा को देखा है? वह खो गया है।' बूढ़े हलवाई ने धुँधली आँखों में वात्सल्य भर कर पूछा 'कैसा है तुम्हारा रामा?' मैंने ओंठ दबा कर सन्तोष के साथ कहा, 'बहुत अच्छा है।' इस हुलिया से रामा को पहचान लेना कितना असम्भव था यह जान कर ही कदाचित् वृद्ध कुछ देर वहीं विश्राम कर लेने के लिए आग्रह करने लगा। मैं हार तो मानना नहीं चाहती थी, परन्तु पाँव थक चुके थे और मिठाइयों से सजे थालों में कुछ कम निमन्त्रण नहीं था, इसी से दूकान के एक कोने में बिछे टाट पर सामान्य अतिथि की मुद्रा में बैठ कर मैं बूढ़े से मिले मिठाई रूपी अर्घ्य को स्वीकार करते हुए उसे अपनी महान यात्रा की कथा सुनाने लगी।

वहाँ मुझे ढूँढ़ते-ढूँढ़ते रामा के प्राण कण्ठगत हो रहे थे। सन्ध्या समय जब सबसे पूछते-पूछते बड़ी कठिनाई से रामा उस दूकान के सामने पहुँचा तब मैंने विजय गर्व से फूलकर कहा 'तुम इतने बड़े होकर भी खो जाते हो रामा!' रामा के कुम्हलाये मुख पर ओस के बिन्दु जैसे आनन्द के आँसू ढुलक पड़े। वह मुझे घुमा घुमाकर सब ओर से इस प्रकार देखने लगा मानो मेरा कोई अंग मेले में छूट गया हो। घर लौटने पर पता चला कि बड़ों के कोश में छोटों की ऐसी वीरता का नाम अपराध है, पर मेरे अपराध को अपने ऊपर लेकर डाँट-फटकार भी रामा ने ही सही और हम सबको सुलाते समय उसकी वात्सल्यभरी थपकियों का विशेष लक्ष्य भी मैं ही रही।

एक बार अपनी और परायी वस्तु का सूक्ष्म और गूढ़ अन्तर स्पष्ट करने के लिए रामा चतुर भाष्यकार बना। बस फिर क्या था! कहाँ से कौन-सी परायी चीज लाकर रामा की छोटी आँखों को निराश विस्मय से लबालब भर दें इसी चिन्ता में हमारे मस्तिष्क एकबारगी क्रियाशील हो उठे।

हमारे घर से ठाकुर साहब का घर कुछ इस तरह मिला हुआ था कि एक छत से दूसरी छत तक पहुँचा जा सकता था—हाँ राह एक बालिश्त चौड़ी मुँडेर मात्र थी जहाँ से पैर फिसलने पर पाताल नाप लेना सहज हो जाता।

उस घर के आँगन में लगे फूल परायी वस्तु की परिभाषा में आ सकते हैं यह निश्चित कर लेने के उपरान्त हम लोग एक दोपहर को, केवल रामा को खिझाने

के लिए उस आकाशमार्ग से फूल चुराने चले। किसी का भी पैर फिसल जाता तो कथा और ही होती पर भाग्य से हम दूसरी छत तक सकुशल पहुँच गए। नीचे के जीने की अन्तिम सीढ़ी पर एक कुत्ती नन्हे-नन्हे बच्चे लिए बैठी थी जिन्हें देखते ही हमें वस्तु के सम्बन्ध में अपना निश्चय बदलना पड़ा। पर ज्यों ही हमने एक पिल्ला उठाया त्यों ही वह निरीह-सी माता अपने इच्छा भरे अधिकारों की घोषणा से धरती आकाश एक करने लगी। बैठक से जब कुछ अस्त-व्यस्त भाव वाले गृहस्वामी निकल आये और शयनागार में जब आलस्यभरी गृहस्वामिनी दौड़ पड़ीं तब हम बड़े असमंजस में पड़ गये। ऐसी स्थिति में क्या किया जाता है यह तो रामा के व्याख्यान में था ही नहीं, अतः हमने अपनी बुद्धि का सहारा लेकर सारा मन्तव्य प्रकट कर दिया, कहा 'हम छत की राह से फूल चुराने आये हैं।' गृहस्वामी हँस पड़े—पूछा 'लेते क्यों नहीं?' उत्तर और भी गम्भीर मिला 'अब कुत्ती का पिल्ला चुरायेंगे।' पिल्ले को दबाये हुए जब तक हम उचित मार्ग से लौटे तब तक रामा ने हमारी डकैती का पता लगा लिया था। अपने उपदेश रूपी अमृतवृक्ष में यह विषफल लगते देख वह एकदम अस्थिर हो उठा होगा क्योंकि उसने आकाशी डाकुओं के सरदार को दोनों कानों से पकड़कर अधर में उठाते हुए पूछा 'कहो जू, कहो जू, किते गए रहे!' पिन-पिन करके रोना मुझे बहुत अपमानजनक लगता था इसी से दाँतों से ओठ दबाक़र मैंने यह अभूतपूर्व दण्ड सहा और फिर बहुत संयत क्रोध के साथ माँ से कहा 'रामा ने मेरे कान खींचकर टेढ़े भी कर दिए हैं और बड़े भी—अब डाक्टर को बुलाकर इन्हें ठीक करवा दो और रामा को अँधेरी कोठरी में बन्द कर दो।' वे तो हमारे अपराध से अपरिचित थीं और रामा प्राण रहते बता नहीं सकता था इसलिए उसे बच्चों से दुर्व्यवहार न करने के सम्बन्ध में एक मनोवैज्ञानिक उपदेश सुनना पड़ा। वह अपने व्यवहार के लिए सचमुच लज्जित था, पर जितना ही वह मनाने का प्रयत्न करता था उतना ही उसके राजा भइया को कान का दर्द याद आता था। फिर भी सन्ध्या समय रामा को खिन्न मुद्रा से बाहर बैठा देखकर मैंने 'गीत सुनाओ' कहकर सन्धि का प्रस्ताव कर ही दिया। रामा को एक भजन भर आता था 'ऐसो सिय रघुबीर भरोसो' और उसे वह जिस प्रकार गाता था उससे पेड़ पर के चिड़िया, कौवे तक उड़ सकते थे। परन्तु हम लोग उस अपूर्व गायक के अद्भुत श्रोता थे—रामा केवल हमारे लिए गाता और हम केवल उसके लिए सुनते थे।

मेरा बचपन समकालीन बालिकाओं से कुछ भिन्न रहा, इसी से रामा का उसमें विशेष महत्त्व है।

उस समय परिवार में कन्याओं की अभ्यर्थना नहीं होती थी। आँगन में

गानेवालियाँ, द्वार पर नौबत वाले और परिवार के बूढ़े से लेकर बालक तक सब पुत्र की प्रतीक्षा में बैठे रहते थे। जैसे ही दबे स्वर से लक्ष्मी के आगमन का समाचार दिया गया वैसे ही घर के कोने से दूसरे तक एक दरिद्र निराशा व्याप्त हो गई। बड़ी बूढ़ियाँ संकेत से मूक गानेवालियों को जाने के लिए कह देतीं और बड़े-बूढ़े इशारे से नीरव बाजे वालों को विदा देते—यदि ऐसे अतिथि का भार उठाना परिवार की शक्ति से बाहर होता तो उसे बैरंग लौटा देने के उपाय भी सहज थे।

हमारे कुल में कब ऐसा हुआ यह तो पता नहीं पर, जब दीर्घकाल तक कोई देवी नहीं पधारीं तब चिन्ता होने लगी, क्योंकि जैसे अश्व के बिना अश्वमेध नहीं हो सकता वैसे ही कन्या के बिना कन्यादान का महायज्ञ सम्भव नहीं।

बहुत प्रतीक्षा के उपरान्त जब मेरा जन्म हुआ तब बाबा ने इसे अपनी कुलदेवी दुर्गा का विशेष अनुग्रह समझा और आदर प्रदर्शित करने के लिए अपना फारसी ज्ञान भूल कर एक ऐसा पौराणिक नाम ढूँढ़ लाये जिसकी विशालता के सामने कोई मुझे छोटा-मोटा घर का नाम देने का भी साहस न कर सका। कहना व्यर्थ है कि नाम के उपयुक्त बनाने के लिए सब बचपन से ही मेरे मस्तिष्क में इतनी विद्या-बुद्धि भरने लगे कि मेरा अबोध मन विद्रोही हो उठा। निरक्षर रामा की स्नेह-छाया के बिना मैं जीवन की सरलता से परिचित हो सकती थी या नहीं इसमें सन्देह है। मेरी पट्टी पुज चुकी थी और मैं, 'आ' पर उँगली रखकर आदमी के स्थान में, आम, आलमारी, आज आदि के द्वारा मन की बात कह लेती थी। ऐसी दशा में अपने भाई-बहनों के निकट शुक्राचार्य से कम महत्व नहीं रखती थी। मुझे उनके सभी कार्यों का समर्थन या विरोध पुस्तक में ढूँढ़ लेने की क्षमता प्राप्त थी और मेरी इस क्षमता के कारण उन्हें निरन्तर सतर्क रहना पड़ता था। नन्हे बाबू उछला नहीं कि मैंने किताब खोल कर पढ़ा 'बन्दर नाच दिखाने आया', मुन्नी रूठी नहीं कि मैंने सुनाया 'रूठी लड़की कौन मनावे, गरज पड़े तब दौड़ी आवे।' वे बेचारे मेरे शास्त्र-ज्ञान से बहुत चिन्तित रहते थे, क्योंकि मेरे किसी कार्य के लिए दृष्टान्त ढूँढ़ लेने का साधन उनके पास नहीं था। पर अक्षर ज्ञानी शुक्राचार्य निरक्षर रामा से पराजित हो जाते थे। उसके पास कथा, कहानी और कहावत आदि का जैसा बृहत् कोष था, वैसा सौ पुस्तकों में भी न समाता। इसी से जब मेरा शास्त्र-ज्ञान महाभारत का कारण बनता तब वह न्यायाधीश होकर और अपना निर्णय सबके कान में सुनाकर तुरन्त सन्धि करा देता।

मेरे पण्डित जी से रामा का कोई विरोध न था, पर जब खिलौनों के बीच ही में मौलवी साहब, संगीतशिक्षक और ड्राइंगमास्टर का आविर्भाव हुआ तब रामा का हृदय क्षोभ से भर गया। कदाचित् वह जानता था कि इतनी योग्यता का भार मुझसे

न सँभल सकेगा।

मौलवी साहब से तो मैं इतना डरने लगी थी कि एक दिन पढ़ने से बचने के लिए बड़े से झाबे में छिप कर बैठना पड़ा। अभाग्य से झाबा वही था जिसमें बाबा के भेजे आमों में से दो-चार शेष भी थे उन्हें निकाल कर कुछ और भरने के लिए रामा जब पूरे झाबे को, उसके भारीपन पर विस्मित होता हुआ, माँ के सामने उठा लाया तब समस्या बहुत जटिल हो गई। जैसे ही उसने ढक्कन हटाया कि मुझे पलायनमान होने के अतिरिक्त कुछ न सूझा। अन्त में रामा और माँ के प्रयत्न ने मुझे उर्दू पढ़ने से छुट्टी दिला दी।

ड्राइंग-मास्टर से मुझे कोई शिकायत नहीं रही, क्योंकि वे खेलने से रोकते नहीं थे। सब कागजों पर दो लकीरें सीधी खड़ी करके और उन पर एक गोला रखकर मैं रामा का चित्र बना देती थी—जब किसी और का बनाना होता तब इसी ढाँचे में कुछ पच्चीकारी कर दी जाती थी।

नारायण महाराज से न मैं प्रसन्न रहती थी न रामा। जब उन्होंने पहले दिन संगीत सीखने के सम्बन्ध में मुझसे प्रश्न किया तब मैंने बहुत विश्वास के साथ बता दिया कि मैं रामा से सीखती हूँ—जब उन्होंने सुनाने का अनुरोध किया तब मैंने रामा का वही भजन ऐसी विचित्र भावभंगी से सुना दिया कि वे अवाक् हो रहे। उस पर भी जब उन्होंने मेरे सेवक गुरु रामा को अपने से बड़ा और योग्य गायक नहीं माना तब मेरा अप्रसन्न हो जाना स्वाभाविक था।

रामा के बिना भी संसार का काम चल सकता है यह हम नहीं मान सकते थे। माँ जब 10-15 दिन के लिए नानी को देखने जातीं तब रामा को घर और बाबू जी की देख-भाल के लिए रहना पड़ता था। बिना रामा के हम जाने के लिए किसी प्रकार भी प्रस्तुत नहीं होते, अतः वे हमें भी छोड़ जातीं।

बीमारी के सम्बन्ध में रामा से अधिक सेवापरायण और सावधान व्यक्ति मिलना कठिन था। एक बार जब छोटे भाई के चेचक निकली तब वह शेष को लेकर ऊपर के खण्ड में इस तरह रहा कि हमें भाई का स्मरण ही नहीं आया। रामा की सावधानी के कारण ही मुझे कभी चेचक नहीं निकली।

एक बार और उसी के कारण मैं एक भयानक रोग से बच सकी हूँ। इन्दौर में प्लेग फैला हुआ था और हम शहर से बाहर रहते थे। माँ और कुछ महीनों की अवस्था वाला छोटा भाई इतना बीमार था कि बाबू जी हम तीनों की खोज-खबर लेने का अवकाश कम पाते थे। ऐसे अवसरों पर रामा अपने स्नेह से हमें इस प्रकार घेर लेता कि और किसी अभाव की अनुभूति ही असम्भव हो जाती थी।

जब हम सघन आम की डाल में पड़े झूले पर बैठ कर रामा की विचित्र

कथाओं को बड़ी तन्मयता से सुनते थे तभी एक दिन हल्के से ज्वर के साथ मेरे कान के पास गिल्टी निकल आई। रामा ने एक बुढ़िया की कहानी सुनाई थी जिसके फूले पैर में से भगवान ने एक वीर मेढक उत्पन्न कर दिया था। मैंने रामा को यह समाचार देते हुए कहा, 'मालूम होता है मेरे कान से कहानी वाला मेढक निकलेगा'। वह बेचारा तो सुन्न हो गया। फिर ईंट के गर्म टुकड़े को गीले कपड़े में लपेट कर उसे कितना सेंका बताना कठिन है। सेंकते-सेंकते वह न जाने क्या बड़बड़ाता रहता था जिसमें कभी देवी, कभी हनुमान और कभी भगवान का नाम सुनाई दे जाता था। दो दिन और दो रात वह मेरे बिछौने के पास से हटा नहीं—तीसरे दिन मेरी गिल्टी बैठ गई पर रामा को तेज बुखार चढ़ आया। उसके गिल्टी निकली, चीरी गयी और बहुत बीमार रहा, पर उसे सन्तोष था कि मैं सब कष्टों से बच गई। जब दुर्बल रामा के बिछौने के पास माँ हमें ले जा सकीं तब हमें देखकर उसके सूखे ओठ मानो हँसी से भर आए, धँसी आँखें उत्साह में तैरने लगीं और शिथिल शरीर में एक स्फूर्ति तरंगित हो उठी। माँ ने कहा 'तुमने इसे बचा लिया था रामा! जो हम तुम्हें न बचा पाते तो जीवन भर पछतावा रह जाता।' उत्तर में रामा बढ़े हुए नाखून वाले हाथ से माँ के पैर छूकर अपनी आँखें पोंछने लगा। रामा जब अच्छा हो गया तब माँ प्रायः कहने लगीं 'रामा अब तुम घर बसा लो जिससे बाल-बच्चों का सुख देख सको।' 'बाई की बातें! मोय नासमिटे अपनन खौं का कनने हैं, मोरे राजा हरें बने रहें—जेई अपने रामा की नैय्या पार लगा देहें' ही रामा का उत्तर रहता था। वह अपने भावी बच्चों को लक्ष्य कर इतनी बातें सुनाता था कि हम उसके बच्चों की हवाई स्थिति से ही परिचित नहीं हो गए थे, उन्हें अपने प्रतिद्वन्द्वी के रूप में भी पहचान गए थे। हमें विश्वास था कि यदि उसके बच्चे हमारे जैसे होते तो वह उन्हें कभी नासमिटा, मुँहझौंसा आदि कहकर स्मरण न करता।

फिर एक दिन जब अपनी कोठरी से लाठी, जूता आदि निकाल कर और गुलाबी साफा बाँधकर रामा आँगन में आ खड़ा हुआ तब हम सब बहुत सभीत हो गए क्योंकि ऐसी सज-धज में तो हमने उसे कभी देखा ही नहीं था। लाठी पर सन्देह भरी दृष्टि डालकर मैंने पूछ ही तो लिया 'क्या तुम उन बाल-बच्चों को पीटने जा रहे हो रामा?' रामा ने लाठी घुमाकर हँसते-हँसते उत्तर दिया 'हाँ राजा भइया ऐसी देंहो नासमिटन के' पर रामा चला गया और न जाने कितने दिनों तक हमें कल्लू के माँ के कठोर हाथों से बचने के लिए नित्य नवीन उपाय सोचने पड़े।

हमारे लिए अनन्त और दूसरों के लिए कुछ समय के उपरान्त एक दिन सबेरे ही केसरिया साफा और गुलाबी धोती में सजा हुआ रामा दरवाजे पर आ खड़ा हुआ

और राजा भइया, राजा भइया, पुकारने लगा– हम सब गिरते-पड़ते दौड़ पड़े पर बरामदे में सहम कर अटक रहे। रामा तो अकेला नहीं था। उसके पीछे एक लाल धोती का कछोटा लगाये और हाथ में चूड़े और पाँव में पैजना पहने जो घूँघटवाली स्त्री खड़ी थी उसने हमें एक साथ ही उत्सुक और सशंकित कर दिया।

मुन्नी जब रामा के कुरते को पकड़ कर झूलने लगी तब नाक की नोक को छू लेने वाले घूँघट में से दो तीक्ष्ण आँखें उसके कार्य का मूक विरोध करने लगीं, नन्हे जब रामा के कन्धे पर आसीन होने के लिए जिद करने लगा तब घूँघट में से छिपे सिर में एक निषेध-सूचक कम्पन जान पड़ा और जब मैंने झुक कर उस नवीन मुख को देखना चाहा तब वह मूर्ति घूमकर खड़ी हो गई। भला ऐसे आगन्तुक से हम कैसे प्रसन्न हो सकते थे। जैसे-जैसे समय बीतता गया वैसे-वैसे रामा की अँधेरी कोठरी में महाभारत के अंकुर जमते गए और हमारे खेल के संसार में सूखा पड़ने की सम्भावना बढ़ती गई। हमारे खिलौनों के नगर बसाने के लिए रामा विश्वकर्मा भी था और मय-दानव भी, पर अब वह अपने गुरु कर्त्तव्य के लिए अवकाश ही नहीं पाता था। वह आया नहीं कि घूँघटवाली मूर्ति पीछे-पीछे आ पहुँची और उसके मूक असहयोग से हमारा और रामा का ही नहीं गुड्डे-गुड़ियों का भी दम घुटने लगता था। इसी से एक दिन हमारी युद्ध-समिति बैठी। राजा को ऊँचे स्थान में बैठाना चाहिए अतः मैं मेज पर चढ़ कर धरती पर न पहुँचने वाले पैर हिलाती हुई, विराजी, मन्त्री महोदय कुर्सी पर आसीन हुए और सेनापति जी स्टूल पर जमे। तब राजा ने चिन्ता की मुद्रा से कहा 'रामा इसे क्यों लाया है?' मन्त्रीजी ने गम्भीर भाव से सिर हिलाते हुए दोहराया 'रामा इसे क्यों लाया है!' और सेनापति महोदय न कह सकने की असमर्थता छिपाने के लिए आँखें तरेरते हुए बोले—'छच है इछे कौं लाया है?"

फिर उस विचित्र समिति में सर्वमत से निश्चित हुआ कि जो जीव हमारे एकछत्र अधिकार की अवज्ञा करने आया है उसे न्याय की मर्यादा के रक्षार्थ दण्ड मिलना ही चाहिए। यह कार्य नियमानुसार सेनापति जी को सौंपा गया।

रामा की बहू जब रोटी बनाती तब नन्हे बाबू चुपके से उसके चौके के भीतर बिस्कुट रख आता, जब वह नहाती तब लकड़ी से उसकी सूखी धोती नीचे गिरा देता। इस प्रकार न जाने कितने दण्ड उसे मिलने लगे पर उसकी ओर से न क्षमा-याचना हुई और न संधि का प्रस्ताव आया। केवल वह अपने विरोध में और अधिक दृढ़ हो गई और हमारे अपकारों का प्रतिशोध बेचारे रामा से लेने लगी। उसके साँवले मुख पर कठोरता का अभेद्य अवगुण्ठन पड़ा ही रहता था और उसकी

काली पुतलियों पर से क्रोध की छाया उतरती ही न थी, इसी से हमारे ही समान अबोध रामा पहले हतबुद्धि हो गया, फिर खिन्न रहने लगा और अन्त में विद्रोह कर उठा। कदाचित् उसकी समझ में ही नहीं आता था कि वह अपना सारा समय और स्नेह उस स्त्री के चरणों पर कैसे रख दे और रख दे तो स्वयं जिये कैसे! फिर एक दिन रामा की बहू रूठ कर मायके चल दी।

रामा ने तो मानो किसी अप्रिय बन्धन से मुक्ति पाई, क्योंकि वह हमारी अद्‌भुत सृष्टि का फिर वही चिर प्रसन्न विधाता बन कर बहू को ऐसे भूल गया जैसे वह पानी की लकीर थी।

पर माँ को अन्याय का कोई भी रूप असह्य था—रामा अपनी पत्नी को हमारे पुराने खिलौनों के समान फेंक दे यह उन्हें बहुत अनुचित जान पड़ा, इसलिए रामा को कर्तव्य-ज्ञान सम्बन्धी विशद और जटिल उपदेश मिलने लगे। इस बार रामा के जाने में वही करुण विवशता जान पड़ती थी जो उस विद्यार्थी में मिलती है जिसे पिता के स्नेह के कारण मास्टर से पिटने जाना पड़ता है।

उस बार जाकर फिर लौटना सम्भव न हो सका। बहुत दिनों के बाद पता चला कि वह अपने घर बीमार पड़ा है, माँ ने रुपये भेजे, आने के लिए पत्र लिखा पर उसे जीवन-पथ पर हमारे साथ इतनी ही दूर आना था।

हम सब खिलौने रख कर शून्य दृष्टि से बाहर देखते रह जाते थे। नन्हे बाबू सात समुद्र पार पहुँचना चाहता था, पर उड़ने वाला घोड़ा न मिलने से यात्रा स्थगित हो जाती थी, मुन्नी अपनी रेल पर संसार-भ्रमण करने को विकल थी, पर हरी लाल झण्डी दिखाने वाले के बिना उसका चलना, ठहरना सम्भव नहीं हो सकता था, मुझे गुड़िया का विवाह करना था, पर पुरोहित और प्रबन्धक के बिना शुभ लग्न टलती चली जाती थी।

हमारी संख्या चार तक पहुँचाने वाला छोटे भइया ढाई वर्ष का हो चुका था और हमारे निर्माण को ध्वंस बनाने के अभ्यास में दिनों-दिन तत्पर होता जा रहा था। उसे खिलौने के बीच में प्रतिष्ठित कर हम सब बारी-बारी से रामा की कथा सुनाने के उपरान्त कह देते थे कि रामा जब गुलाबी साफा बाँधकर लाठी लिये हुए लौटेगा तब तुम गड़बड़ न कर सकोगे। पर हमारी कहानी के उपसंहार के लिए भी रामा कभी न लौटा।

आज मैं इतनी बड़ी हो गई हूँ कि राजा भइया कहलाने का हठ स्वप्न सा लगता है, बचपन की कथा-कहानियाँ कल्पना जैसी जान पड़ती हैं और खिलौनों के संसार का सौन्दर्य भ्रान्ति हो गया है। पर रामा आज भी सत्य है, सुन्दर है और स्मरणीय है। मेरे अतीत में खड़े रामा की विशाल छाया वर्तमान के साथ बढ़ती ही जाती है—निर्वाक, निस्तन्द्र पर स्नेहतरल।

जैनेन्द्र कुमार

आधुनिक युग में कुछ ऐसे निबन्धकार हुए जिन्होंने परम्परागत शैली से हटकर निबन्धों की रचना की। जैनेन्द्र ऐसे ही निबन्धकार हैं जिन्होंने मनोवैज्ञानिक, दार्शनिक एवं सामाजिक धरातल पर लेखन किया जहाँ मौलिक चिन्तन एकदम स्पष्ट रूप में उभरकर सामने आ जाता है। जैनेन्द्र के वे निबन्ध विशेष सफल हैं जहाँ दार्शनिकता के आवरण से मुक्त होकर वे सहज धरातल पर आ गए हैं। इनकी शैली में दुरूह विषय को भी रोचक बना देने की क्षमता है।

मूलतः जैनेन्द्र कुमार मनोवैज्ञानिक कथाकार के रूप में जाने जाते हैं। वस्तुतः इनका साहित्य विविधमुखी है। इन्होंने उपन्यास, कहानी, नाटक, संस्मरण, निबन्ध सभी विधाओं में लेखन कार्य किया है। जैनेन्द्र कुमार का जन्म 1905 ई. को अलीगढ़ में हुआ। बाल्यकाल में पिता का स्वर्गवास हो जाने के कारण जीवन कठिन संघर्षों में व्यतीत किया। प्रारम्भिक शिक्षा जैन गुरुकुल ऋषि ब्रह्मचर्याश्रम, हस्तिनापुर से प्राप्त की। इण्टरमीडिएट की परीक्षा अभी पास ही की थी कि गांधी जी के असहयोग आंदोलन से प्रभावित होकर उसमें कूद पड़े। आगे की पढ़ाई छोड़ दी और विभिन्न राष्ट्रीय आन्दोलनों में भाग लेने लगे और अनेक बार जेल भी जाना पड़ा। जेल में रहते हुए लिखने की प्रेरणा मिली और वहीं से साहित्य-सेवा में जुट गए।

जैनेन्द्र कुमार ने दार्शनिक एवं सामाजिक निबन्ध लिखे जिनमें व्यक्ति तत्त्व का तथा भावात्मकता का तत्त्व भी पर्याप्त मात्रा में विद्यमान है। सामाजिक धरातल पर विभिन्न सामाजिक विषमताओं के मध्य मानवता के लिए चिन्तित हैं।

'बाज़ार दर्शन' निबन्ध में जैनेन्द्र कुमार व्यंग्यात्मक शैली में पैसे की एनर्जी या गर्मी की बात करते हुए बाजार की सार्थकता की चर्चा करते हैं। जो लोग नहीं जानते कि वे क्या चाहते हैं, वे अपनी 'पर्चेज़िंग पावर' के गर्व में बाजार को एक विनाशक या शैतानी शक्ति देते हैं। न तो वे बाजार को लाभ देते हैं और न ही लाभ ले सकते हैं। ये लोग कपट बढ़ाते हैं जो सद्भाव को घटाता है। इस सद्भाव के अभाव में मनुष्य ग्राहक व बेच की तरह व्यवहार करता है। यही बाजार का सत्य है। ऐसे बाजार में लोगों की आवश्यकताओं का आदान-प्रदान नहीं होता बल्कि शोषण होता है। ऐसा बाजार मानवता के लिए विडम्बना है।

बाज़ार दर्शन

एक बार की बात कहता हूँ। मित्र बाज़ार गये तो थे कोई एक मामूली चीज़ लेने, पर लौटे तो एकदम बहुत-से बंडल पास थे।

मैंने कहा—यह क्या?

बोले—यह जो साथ थीं।

उनका आशय था कि यह पत्नी की महिमा है। उस महिमा का मैं कायल हूँ। आदि काल से इस विषय में पति से पत्नी की ही प्रमुखता प्रमाणित है। और यह व्यक्तित्व का प्रश्न नहीं, स्त्रीत्व का प्रश्न है। स्त्री माया न जोड़े, तो क्या मैं जोड़ूँ? फिर भी सच सच है और वह यह कि इस बात में पत्नी की ओट ली जाती है। मूल में एक और तरल की महिमा सविशेष है। वह तत्त्व है मनीबेग, अर्थात् पैसे की गर्मी या एनर्जी।

पैसा पावर है। पर उसके सबूत में आस-पास माल-टाल न जमा हो तो क्या वह खाक पावर है। पैसे को देखने के लिए बैंक-हिसाब, देखिये, पर माल-असबाब मकान-कोठी तो अनदेखे भी दीखते हैं। पैसे की उस 'पर्चेज़िंग पावर' के प्रयोग में ही पावर का रस है।

लेकिन नहीं। लोग संयमी भी होते हैं। वे फिजूल सामान को फिजूल समझते हैं। वे पैसा बहाते नहीं हैं और बुद्धिमान् होते हैं। बुद्धि और संयम पूर्वक वह पैसे को जोड़ते जाते हैं। वह पैसे की पावर को इतना निश्चय समझते हैं कि उसके प्रयोग की परीक्षा उन्हें दरकार नहीं है। बस खुद पैसे के जुड़ा होने पर उनका मन गर्व से भरा फूला रहता है।

मैंने कहा—यह कितना सामान ले आये।

मित्र ने सामने मनीबेग फैला दिया, कहा—यह देखिये। सब उड़ गया, अब जो रेल-टिकट के लिए भी बचा हो।

मैंने तब तय माना कि और पैसा होता तो और सामान आता। वह सामान जरूरत की तरफ देखकर नहीं आया, अपनी 'पर्चेज़िंग पावर' के अनुपात में आया है।

लेकिन ठहरिये। इस सिलसिले में एक और भी महत्त्व का तत्त्व है, जिसे नहीं भूलना चाहिए। उसका भी इस करतब में बहुत कुछ हाथ है। वह महत्तत्त्व है, बाज़ार।

मैंने कहा—यह इतना कुछ नाहक ले आये!

मित्र बोले—कुछ न पूछो। बाज़ार है कि शैतान का जाल है? ऐसा सजा-सजा कर माल रखते हैं कि बेहया ही हो जो न फँसे।

मैंने मन में कहा, ठीक। बाज़ार आमंत्रित करता है कि आओ मुझे लूटो और लूटो। सब भूल जाओ, मुझे देखो। मेरा रूप और किसके लिए है? मैं तुम्हारे लिए हूँ। नहीं कुछ चाहते हो, तो भी देखने में क्या हरज है। अजी आओ भी।

इस आमंत्रण में यह खूबी है कि आग्रह नहीं है। आग्रह तिरस्कार जगाता है। लेकिन ऊँचे बाज़ार का आमंत्रण मूक होता है और उससे चाह जगती है। चाह मतलब अभाव। चौक़ बाजार में खड़े होकर आदमी को लगने लगता है कि उसके अपने पास काफ़ी नहीं है। और चाहिए, और चाहिए। मेरे यहाँ कितना परिमित है और यहाँ कितना अतुलित है। ओह!

कोई अपने को न जाने तो बाज़ार का यह चौक उसे कामना से विकल बना छोड़े। विकल क्यों, पागल। असंतोष और तृष्णा और ईर्ष्या से घायल कर मनुष्य को सदा के लिए यह बेकार बना डाल सकता है।

एक और मित्र की बात है। वह दोपहर के पहले के गये-गये बाज़ार से कहीं शाम को वापिस आये। आये तो खाली हाथ!

मैंने पूछा—कहाँ रहे?

बोले—बाज़ार देखते रहे।

मैंने कहा—बाज़ार का देखते क्या रहे?

बोले—क्यों? बाज़ार—

तब मैंने कहा—लाये तो कुछ नहीं!

बोले—हाँ। पर यह समझ न आता था कि न लूँ तो क्या? सभी कुछ तो लेने को जी होता था। कुछ लेने का मतलब था शेष सब कुछ को छोड़ देना। पर मैं कुछ भी नहीं छोड़ना चाहता था। इससे मैं कुछ भी नहीं ले सका।

मैंने कहा—खूब!

पर मित्र की बात ठीक थी। अगर ठीक पता नहीं है कि क्या चाहते हो तो सब ओर की चाह तुम्हें घेर लेगी। और तब परिणाम त्रास ही होगा, गति नहीं होगी, न कर्म।

बाज़ार में एक जादू है। वह जादू आँख की राह काम करता है। वह रूप का

जादू है। पर जैसे चुम्बक का जादू लोहे पर ही चलता है, वैसे ही इस जादू की भी मर्यादा है। जेब भरी हो, और मन खाली हो, ऐसी हालत में जादू का असर खूब होता है। जेब खाली पर मन भरा न हो तो भी जादू चल जायगा। कहीं हुई उस वक्त जेब भरी तब तो फिर वह मन किसकी मानने वाला है! मालूम होता है यह भी लूँ, वह भी लूँ। सभी सामान जरूरी और आराम को बढ़ाने वाला मालूम होता है। पर यह सब जादू का असर है। जादू की सवारी उतरी कि पता चलता है कि फैन्सी चीजों की बहुतायत आराम में मदद नहीं देती, बल्कि खलल ही डालती है। थोड़ी देर को स्वाभिमान को जरूर सेंक मिल जाता है। पर इससे अभिमान की गिल्टी को और खुराक ही मिलती है। जकड़ रेशमी डोरी की हो तो रेशम के स्पर्श के मुलायम होने के कारण क्या वह कम जकड़ होगी?

पर उस जादू की जकड़ से बचने का एक सीधा-सा उपाय है। वह यह कि बाजार जाओ तो मन खाली न हो। मन खाली हो, तब बाजार न जाओ। कहते हैं लू में जाना हो तो पानी पीकर जाना चाहिए। पानी भीतर हो, लू का लूपन व्यर्थ हो जाता है। मन लक्ष्य में भरा हो तो बाजार भी फैला ही रह जाएगा। तब वह घाव बिल्कुल नहीं दे सकेगा, बल्कि कुछ आनन्द ही देगा। तब बाजार तुम से कृतार्थ होगा, क्योंकि तुम कुछ न कुछ सच्चा लाभ उसे दोगे। तब बाजार की असली कृतार्थता है आवश्यकता के समय काम आना।

यहाँ एक अन्तर चीन्ह लेना बहुत जरूरी है। मन ख़ाली नहीं रहना चाहिए, इसका मतलब यह नहीं है कि वह मन बन्द रहना चाहिए। जो बन्द हो जायगा, वह शून्य हो जायगा। शून्य होने का अधिकार बस परमात्मा का है जो सनातन भाव से सम्पूर्ण है। शेष सब अपूर्ण है। इससे मन बन्द नहीं रह सकता। सब इच्छाओं का निरोध कर लोगे, यह झूठ है। और अगर 'इच्छानिरोधस्तपः' का ऐसा ही नकारात्मक अर्थ हो तो वह तप झूठ है। वैसे तप की राह रेगिस्तान को जाती होगी, मोक्ष की राह वह नहीं है। डाट देकर मन को बन्द कर रखना जड़ता है। लोभ का यह जीतना नहीं है कि जहाँ लोभ होता है, यानी मन में, वहाँ नकार हो। यह तो लोभ की ही जीत है और आदमी की हार। आँख अपनी फोड़ डाली, तब लोभनीय के दर्शन से बचे तो क्या हुआ? ऐसे क्या लोभ मिट जाएगा? और कौन कहता है कि आँख फूटने पर रूप दीखना बन्द हो जाएगा? क्या आँख बन्द करके ही हम सपने नहीं लेते हैं? और वे सपने क्या चैन भंग नहीं करते हैं? इससे मन को बन्द कर डालने की कोशिश तो अच्छी नहीं। वह अकारथ है। यह तो हठवाला योग है। शायद हठ ही हठ है, योग नहीं है। इससे मन कृश भले हो जाय और पीला और अशक्त जैसे विद्वान का ज्ञान। वह मुक्त ऐसे नहीं होता। इससे वह

व्यापक की जगह संकीर्ण और विराट् की जगह क्षुद्र होता है। इसलिए उसका रोम-रोम मूँदकर बन्द तो मन को करना नहीं चाहिए। वह मन पूर्ण कब है? हममें पूर्णता होती तो परमात्मा से अभिन्न हम महाशून्य ही न होते? अपूर्ण हैं, इसी से हम हैं। सच्चा ज्ञान सदा अपूर्णता के बोध को हम में गहरा करता है। सच्चा कर्म सदा इस अपूर्णता की स्वीकृति के साथ होता है। अतः उपाय कोई वही हो सकता है जो बलात् मन को रोकने को न कहे, जो मन की भी इसलिए सुने क्योंकि वह अप्रयोजनीय रूप में हमें नहीं प्राप्त हुआ है। हाँ, मनमानेपन की छूट मन को न हो, क्योंकि वह अखिल का अंग है, खुद कुल नहीं है।

पड़ोस में एक महानुभाव रहते हैं जिनको लोग भगत जी कहते हैं। चूरन बेचते हैं। यह काम करते जाने उन्हें कितने बरस हो गए हैं। लेकिन किसी एक भी दिन चूरन से उन्होंने छः आने पैसे से ज्यादे नहीं कमाये। चूरन उनका आस-पास सरनाम है। और खुद खूब लोकप्रिय हैं। कहीं व्यवसाय का गुर पकड़ लेते और उस पर चलते तो आज खुशहाल क्या मालामाल होते। क्या कुछ उनके पास न होता! इधर दस वर्षों से मैं देख रहा हूँ, उनका चूरन हाथों-हाथ जाता है। पर वह न उसे थोक देते हैं, न व्यापारियों को बेचते हैं। पेशगी आर्डर कोई नहीं लेते। बँधे वक्त पर अपनी चूरन की पेटी लेकर घर के बाहर हुए नहीं कि देखते-देखते छः आने की कमाई उनकी हो जाती है। लोग उनका चूरन लेने को उत्सुक जो रहते हैं। चूरन से भी अधिक शायद वह भगतजी के प्रति अपनी सद्भावना का देय देने को उत्सुक रहते हैं। पर छः आने पूरे हुए नहीं कि भगतजी बाकी चूरन बालकों को मुफ्त में बाँट देते हैं। कभी ऐसा नहीं हुआ है कि कोई उन्हें पच्चीसवाँ पैसा भी दे सके! कभी चूरन में लापरवाही नहीं हुई है, और कभी रोग होता भी मैंने उन्हें नहीं देखा है।

और तो नहीं, लेकिन इतना मुझे निश्चय मालूम होता है कि इन चूरन वाले भगतजी पर बाजार का जादू नहीं चल सकता।

कहीं आप भूल न कर बैठियेगा। इन पंक्तियों को लिखने वाला मैं चूरन नहीं बेचता हूँ। जी नहीं, ऐसी हलकी बात भी न सोचियेगा। यह न समझियेगा कि लेख के किसी भी मान्य पाठक से उस चूरन वाले को श्रेष्ठ बताने की मैं हिम्मत कर सकता हूँ। क्या जानें उस भोले आदमी को अक्षर-ज्ञान तक भी है या नहीं। और बड़ी बातें तो उसे मालूम क्या होंगी। और हम आप न जाने कितनी बड़ी-बड़ी बातें जानते हैं। इससे यह तो हो सकता है कि वह चूरनवाला भगत हम लोगों के सामने एकदम नाचीज़ आदमी हो। लेकिन आप पाठकों की विद्वान श्रेणी का सदस्य होकर भी मैं यह स्वीकार करना चाहता हूँ कि उस अपदार्थ प्राणी को वह

प्राप्त है जो हम में से बहुत कम को शायद प्राप्त है। उस पर बाजार का जादू वार नहीं कर पाता। माल बिछा रहता है और उसका मन अडिग रहता है। पैसा उसके आगे होकर भीख तक माँगता है कि मुझे लो। लेकिन उसके मन में पैसे पर दया नहीं समाती। वह निर्मम व्यक्ति पैसे को अपने आहत गर्व में बिलखता ही छोड़ देता है। ऐसे आदमी के आगे क्या पैसे की व्यङ्ग-शक्ति कुछ भी चलती होगी? क्या वह शक्ति कुंठित रह कर सलज्ज ही न हो जाती होगी?

पैसे की व्यङ्ग-शक्ति की सुनिये। वह दारुण है। मैं पैदल चल रहा हूँ कि पास ही धूल उड़ाती निकल गई मोटर। वह क्या निकली मेरे कलेजे को कौंधती एक कठिन व्यङ्ग की लीक ही आर-से-पार हो गई। जैसे किसी ने आँखों में उँगली देकर दिखा दिया हो कि देखो, उसका नाम है मोटर, और तुम उससे वंचित हो! यह मुझे अपनी ऐसी विडम्बना मालूम होती है कि बस पूछिये नहीं। मैं सोचने को हो आता हूँ कि हाय, ये ही माँ-बाप रह गये थे जिनके यहाँ मैं जन्म लेने को था! क्यों न मैं मोटरवालों के यहाँ हुआ! उस व्यङ्ग में इतनी शक्ति है कि जरा में मुझे अपने सगों के प्रति कृतघ्न कर सकती।

लेकिन क्या लोकवैभव की यह व्यङ्ग-शक्ति उस चूरन वाले अकिंचित्कर मनुष्य के आगे चूर-चूर होकर ही नहीं रह जाती? चूर-चूर क्यों, कहो पानी-पानी।

तो वह क्या बल है जो इस तीखे व्यङ्ग के आगे अजेय ही नहीं रहता, बल्कि मानो उस व्यङ्ग की क्रूरता को ही पिघला देता है?

उस बल को नाम जो दो; पर वह निश्चय उस तल की वस्तु नहीं है जहाँ पर संसारी वैभव फलता-फूलता है। वह कुछ अपर जाति का तत्त्व है। लोग स्पिरिचुअल कहते हैं; आत्मिक, धार्मिक, नैतिक कहते हैं। मुझे योग्यता नहीं कि मैं उन शब्दों में अन्तर देखूँ और प्रतिपादन करूँ। मुझे शब्द से सरोकार नहीं। मैं विद्वान् नहीं कि शब्दों पर अटकूँ। लेकिन इतना तो है कि जहाँ तृष्णा है, बटोर रखने की स्पृहा है, वहाँ उस बल का बीज नहीं है। बल्कि यदि उसी बल को सच्चा बल मान कर बात की जाय तो कहना होगा कि संचयक की तृष्णा और वैभव की चाह में व्यक्ति की निर्बलता ही प्रमाणित होती है। निर्बल ही धन की ओर झुकता है। वह अबलता है। वह मनुष्य पर धन की और चेतन पर जड़ की विजय है।

एक बार चूरन वाले भगतजी बाज़ार चौक में दीख गये। मुझे देखते ही उन्होंने जय-जयराम किया। मैंने भी जयराम कहा। उनकी आँखें बन्द नहीं थीं और न उस समय वह बाज़ार को किसी भाँति कोस रहे मालूम होते थे। राह में बहुत लोग, बहुत बालक मिले जो भगतजी द्वारा पहचाने जाने के इच्छुक थे। भगतजी ने सबको ही हँस कर पहचाना। सबका अभिवादन लिया और सबको अभिवादन

दिया। इससे तनिक भी यह नहीं कहा जा सकेगा कि चौक बाजार में होकर उनकी आँखें किसी से भी कम खुली थीं। लेकिन भौचक्के हो रहने की लाचारी उन्हें नहीं थी। व्यवहार में पसोपेश उन्हें नहीं था और खोये-से खड़े नहीं वह रह जाते थे। भाँति-भाँति के बढ़िया माल से चौक भरा पड़ा है। उस सबके प्रति अप्रीति इन भगत के मन में नहीं है। जैसे उस समूचे माल के प्रति भी उनके मन में आशीर्वाद हो सकता है। विद्रोह नहीं, प्रसन्नता ही भीतर है, क्योंकि कोई रिक्त भीतर नहीं है। देखता हूँ कि खुली आँख, तुष्ट और मग्न, वह चौक बाज़ार में से चलते जाते हैं। राह में बड़े-बड़े फैन्सी स्टोर पड़ते हैं, पर पड़े रह जाते हैं। कहीं भगत नहीं रुकते। रुकते हैं तो एक छोटी पन्सारी की दुकान पर रुकते हैं। वहाँ दो-चार अपने काम की चीज लीं, और चले आते हैं। बाज़ार से हठ-पूर्वक विमुखता उनमें नहीं है; लेकिन अगर उन्हें ज़ीरा और काला नमक चाहिए तो सारे चौक बाज़ार की सत्ता उनके लिए तभी तक है, तभी तक उपयोगी है, जब तक वहाँ ज़ीरा मिलता है। जरूरत भर ज़ीरा वहाँ से ले लिया कि फिर सारा चौक उनके लिए आसानी से नहीं बराबर हो जाता है। वह जानते हैं कि जो उन्हें चाहिए वह है ज़ीरा-नमक। बस इस निश्चित प्रतीति के बल पर शेष सब चाँदनी चौक का आमन्त्रण उन पर व्यर्थ होकर बिखरं रहता है। चौक की चाँदनी दाएँ-बाएँ भूखी-की-भूखी फैली रह जाती है; क्योंकि भगत जी को ज़ीरा चाहिए वह तो कोने वाले पन्सारी की दुकान से मिल जाता है और वहाँ से सहज भाव में ले लिया गया है। इसके आगे आस-पास अगर चाँदनी बिछी रहती है तो बड़ी खुशी से बिछी रहे, भगतजी उस बेचारी का कल्याण ही चाहते हैं।

यहाँ मुझे ज्ञात होता है कि बाजार को सार्थकता भी वही मनुष्य देता है जो जानता है कि वह क्या चाहता है। और जो नहीं जानते कि वे क्या चाहते हैं, अपनी 'पर्चेज़िंग पावर' के गर्व में अपने पैसे से केवल एक विनाशक शक्ति—शैतानी-शक्ति, व्यंग की शक्ति ही बाज़ार को देते हैं। न तो वे बाज़ार से लाभ उठा सकते हैं, न उस बाज़ार को सच्चा लाभ दे सकते हैं। वे लोग बाज़ार का बाजारूपन बढ़ाते हैं। जिसका मतलब है कि कपट बढ़ाते हैं। कपट की बढ़ती का अर्थ परस्पर में सद्भाव की घटी। इस सद्भाव के ह्रास पर आदमी आपस में भाई-भाई और सुहृद और पड़ोसी फिर रह ही नहीं जाते हैं आपस में कोरे गाहक और बेचक की तरह व्यवहार करते हैं। मानो दोनों एक-दूसरे को ठगने की घात में हों। एक की हानि में दूसरे को अपना लाभ दीखता है और यह बाज़ार का, बल्कि इतिहास का, सत्य माना जाता है। ऐसे बाज़ार को बीच में लेकर लोगों में

आवश्यकताओं का आदान-प्रदान नहीं होता, बल्कि शोषण होने लगता है। तब कपट सफल होता है, निष्कपट शिकार होता है। ऐसा बाजार मानवता के लिए विडम्बना है। और जो ऐसे बाज़ार का पोषण करता है, जो उसका शास्त्र बना हुआ है, वह अर्थ-शास्त्र सरासर औंधा है। वह मायावी (Capitalistic) शास्त्र है। वह अर्थ-शास्त्र अनीति-शास्त्र है।

हजारी प्रसाद द्विवेदी

भारतीय दर्शन, इतिहास एवं पुरातत्त्व के गम्भीर एवं व्यापक अध्येता हजारी प्रसाद द्विवेदी का जन्म सन् 1901 में ओझावालिया में हुआ। काशी से शिक्षा ग्रहण की तथा 'साहित्यशास्त्राचार्य' की उपाधि से सम्मानित हुए। हिन्दी एवं संस्कृत में तो गहन अभिरुचि रही परन्तु बांग्लाभाषा व साहित्य का भी गहन अध्ययन किया। पर्याप्त समय तक रवीन्द्रनाथ टैगोर के सम्पर्क में शांतिनिकेतन में समय व्यतीत किया अतएव रवीन्द्र विचारधारा का प्रबल प्रभाव पड़ा। साहित्य में मानवतावादी विचारधारा सर्वत्र विद्यमान है क्योंकि इनकी दृष्टि में शास्त्र, कला के सम्मुख मानव जाति के उन्नयन से बड़ा कोई भी लक्ष्य नहीं है। इस लक्ष्य की सिद्धि में भी मानव जाति की सार्थकता है। विद्वान साहित्यकार को आगरा विश्वविद्यालय ने डी.लिट. की उपाधि से सम्मानित किया। द्विवेदी जी कुशल वक्ता होने के साथ-साथ अनुसंधाता, आलोचक, इतिहास-लेखक, उपन्यासकार एवं सफल निबन्धकार भी रहे।

हजारी प्रसाद द्विवेदी के निबन्धों में उनकी मानवतावादी दृष्टि एवं बहुज्ञता का परिचय स्पष्टतः दृष्टिगोचर होता है। किसी भी विषय का विवेचन एवं विश्लेषण करते हुए उनके मनुष्यता के प्रति आग्रह को देखा जा सकता है। यह आग्रह है—मनुष्य के एकत्व की अनुभूति का आग्रह क्योंकि यही मनुष्य की चरम मनुष्यता है। अतीत विश्लेषण को वे वर्तमान की प्रगति के लिए महत्त्वपूर्ण मानते हैं और वर्तमान को सुन्दर बनाने के लिए इन्हें उपयोग में लाने का आग्रह भी करते हैं। साहित्य एवं भाषा की समस्याओं को लेकर द्विवेदी जी ने बहुत से निबन्ध लिखे। सांस्कृतिक विषयों के प्रति भी आकर्षित होते हुए दिखलाई पड़ते हैं क्योंकि सांस्कृतिक वैभव की चेतना को वह अनिवार्य मानते हैं। भाषा-शैली में भाषण का सा प्रवाह दिखलाई पड़ता है। भाषा में वस्तुतः इनका व्यक्तित्व झलक उठता है। एक ओर संस्कृत का वैभव तो दूसरी ओर लोक-जीवन में अपेक्षित भाषा

की सहजता इनके निबन्धों की भाषा की विशिष्टता है। संस्कृत, लोक-जीवन तथा अंग्रेजी-उर्दू सभी को आत्मसात करती हुई भाषा है। इनकी दृष्टि समन्वयात्मक एवं उदार है। अतएव उसी के अनुकूल सर्वत्र भाषा भी दिखलाई पड़ती है। व्यंग्य का पुट भी मिलता है। सहज प्रतिभा, विद्वत्ता व गहन अध्ययन–सभी द्विवेदी जी के निबन्धों में विद्यमान है।

'गतिशील चिन्तन' में हजारी प्रसाद द्विवेदी ने भारत के अतीत के वैभव एवं वर्तमान दुरवस्था का भावात्मक चित्र प्रस्तुत किया है। एक ओर वे कालिदास के युग में पहुँच जाते हैं तो दूसरी ओर समाजवाद, पेटेंट दवाइयों, मजदूर संगठनों व चुनाव आदि विविध विषयों पर विचार करने लग जाते हैं। आज के लेखक में बद्धमूल 'पराजित मनोभाव' के सत्य को स्पष्ट करते हैं। काव्य-कला तब तक पनप नहीं सकती जब तक समाज में विषमताएँ हैं परन्तु लेखक का विश्वास है कि यह विषम परिस्थितियाँ ही सच नहीं क्योंकि अतीत मरुभूमि नहीं, बल्कि प्रेरणादायी शक्ति है।

गतिशील चिन्तन

स्टेशन की सीमा से बाहर निकलते ही एकाश्ववाही रथों के अनेक चाबुकधारी सारथी धावा बोल बैठे। एक भले आदमी ने चाबुकास्त्र को बग़ल में दबाते हुए हाथ का सूटकेस खींच लिया। मैं अभी कुछ कहने जा ही रहा था कि एक दूसरे भीमकाय पुरुष-पुंगव ने ललकारते हुए उसे एक धक्का लगाया। 'खबरदार! मेरी सवारी है'—इस हुंकार के साथ उसने पूर्वतन दस्यु को 'युद्धं देहि' की चुनौती दी। फिर मेरी ओर घूमकर बोला—'बाबूजी, सलाम!' —मैंने देखा, मेरा पुराना परिचित इक्केवान है। बोला—'हाँ भई तीन वर्ष पर लौट रहा हूँ। कुशल-क्षेम तो है?'

एक्केवान ने कहा—'मेहरबानी है, हुजूर आपकी दया से सब आनन्द-मंगल है।'

पूर्वतन दस्यु पहले तो कुछ गुर्राया, बाद को रंग-ढंग देखकर एकाध परुष वाक्य-बाण के निक्षेप के बाद युद्ध से निरस्त हो गया। मेरा सारथी आगे-आगे चला, मैं पीछे हो लिया। एकाश्वरथ सुसज्जित तैयार था। उसके छत्र और दण्ड यथेष्ट जीर्ण थे, पर पिछले दस वर्ष से वे मेरे परिचित हो गए थे। मैं रथी-रूप में आसीन हुआ, सारथी ने अश्व के साथ अपना पिता-पुत्र सम्बन्ध स्मरण करते हुए चाबुक सँभाला।

नगर की सीमा पार करने के बाद मेरे रथ ने ग्राम-सीमा में प्रवेश किया। मुझे हज़ार वर्ष पहले की अवस्था याद आ गई। समुद्रगुप्त एक दिन इसी प्रकार रथ पर चढ़कर नगर से बाहर निकले होंगे। पौर-युवतियाँ गवाक्ष खोलकर अतृप्त नयनों से उन्हें देखती रह गई होंगी : नागरिक कन्याएँ क़तार बाँधकर मार्ग के दोनों ओर खड़ी हो रही होंगी : आचार-लाजों और वेदाध्यायी ब्राह्मणों के उत्क्षिप्त मांगल्य से राजमार्ग भर गया होगा। मेरे लिए यह सब कुछ भी नहीं हुआ। समुद्रगुप्त के रथ में शायद चार घोड़े होंगे, उसके छत्र-दण्ड में स्वर्ण और रत्नों का आधिक्य रहा होगा और उसका सारथी कुछ संस्कृत-प्राकृत जानता रहा होगा। आज हज़ारों वर्ष बाद समुद्रगुप्त के देश का ही एक और आदमी रथस्थ होकर बाहर निकला है।

समुद्रगुप्त सम्राट् थे, मैं साम्राज्य का घोर शत्रु। फिर भी मैं वह आदमी था जो अदना होकर भी सारे जगत् के राजनीति-विशारदों को चैलेंज करने की हिम्मत रखता था। समुद्रगुप्त जब रथस्थ होकर बाहर निकले होंगे तो दृप्त हृदय से और कम्पमान मस्तिष्क से छोटे-मोटे राज्यों को उच्छेद करने की बात सोचते जा रहे होंगे; मैं दृप्त मस्तिष्क में संसार के सबसे बड़े साम्राज्य को ध्वंस करने की बात सोच रहा था और कम्पमान हृदय से भूख से तड़पती हुई असंख्य जनता के दुःख और दारिद्र्य का उन्मूलन करना चाहता था। फिर भी समुद्रगुप्त भारतवर्ष के अतीत सम्राट् थे, मैं साम्राज्य-विरोधी भावी सेना का अदना सिपाही। कवि एक दिन शायद इस अज्ञातनामा युवक के कीर्ति-कलाप का भी चित्रण करेगा, उस दिन यह जवाहर-कवच, यह गांधी-मुकुट, यह अक्षय-तूणीर, झोला, एक एकाश्वरथ, यह चाबुक-वाही सारथी; यह पौर-युवतियों के लीला-कटाक्ष से अवहेलित रथ-घर्घर, यह आचार-लाज-विरहित राजमार्ग, सब-कुछ उसके कल्पना-नेत्रों के सामने खिंच जायेंगे। मैं समाजवाद के अग्निगर्भ संदेश का वाहक महारथी उसके सहानुभूति-शिविर नयन-वाष्प से स्नात होकर अत्यन्त उज्ज्वल वेश में अंकित हो जाऊँगा।

मैं सोचता जाता था, मेरा रथ आगे बढ़ता जा रहा था। आख़िर समाजवाद इतना प्रिय और आकर्षक सिद्धान्त क्यों है? साथ ही मेरे मन में सवाल उठा—पेटेण्ट दवाइयाँ इतनी लोकप्रिय क्यों हैं? क्या इन दोनों में कोई समानता है? किसी अख़बार को खोलिए, उसके अधिकांश पन्ने दो ही प्रकार के संवादों से भरे मिलेंगे—कहीं पर समाजवाद के और कहीं पर पेटेण्ट दवाइयों के। साधारण जनता उलझनों में पड़ना नहीं चाहती, वह सस्ता और सहज मार्ग खोजती है। समाजवाद शायद ऐसा ही मत हो, पेटेण्ट दवाइयाँ शायद ऐसी ही दवाइयाँ हों! एक दिन जब भारतवर्ष में समाजवादी सरकार स्थापित हो जायेगी, उस दिन शायद एक एकाश्वरथ न रहेगा, यह पाताल-पाती राजमार्ग शायद कुछ सुधर गया रहेगा, उस दूर की झोंपड़ी में शायद विद्युद्वर्तिका का प्रकाश रहेगा, पर वह चीज़ क्या मिलेगी जिसे सुख कहते हैं? कोई गारण्टी नहीं। और फिर जिस दिन समुद्रगुप्त जानपद-वधुओं के 'भ्रू-विलासानभिज्ञ कटाक्षों' को धन्य करते हुए, ग्राम, वृक्षों को कुशल-प्रश्न से और घोष-वृद्धों को निकटवर्ती तरु-गुल्मों का नाम पूछकर कृतकृत्य करते हुए चले होंगे, उस दिन भी क्या वह चीज़ सुलभ थी? कुछ ठीक पता नहीं। कौन जानता है, क्या था और क्या होने वाला है! आज न समुद्रगुप्त का साम्राज्य है और न समाजवाद का रामराज्य! आज है इस निरुपाय निरन्न-निर्वाक् मूढ़ जनता की बेतुकी भीड़; जो जीते हैं इसलिए कि मौत नहीं आ जाती, और मरते हैं इसलिए कि जीने का कोई रास्ता नहीं।

अचानक एक धक्का लगा; मेरी चिन्ता और शरीर दोनों में ही, पर रोमांच कहीं नहीं हुआ। सारथी ने कहा—'सड़क बड़ी खराब है, हुज़ूर!' मैं हँसकर रह गया। साफ़ मालूम हुआ गुप्तकाल और अंग्रेजकाल में बड़ा अन्तर है। ईश, वल्गा, छत्र, दण्ड, चक्र और रथ-घर्घर में परिवर्तन क्षम्य है, पर धक्के में तो परिवर्तन असह्य है। हिमालय के उस विषम पार्वत्य पथ पर एक दिन मातलि नामक कोई सारथी भी रथ हाँक रहा था और मेरा सारथी भी एक अभ्रचुम्बी और पाताल-पाती राजमार्ग पर अपना रथ हाँक रहा है। उस दिन उर्वशी और पुरुरवा उस पर बैठे थे, एकाध और सुन्दरियाँ भी रही होंगी; धक्का उस दिन भी लगा था, पर वहाँ शरीर और चिन्ता दोनों ही सिहर उठे थे। रोमांच, स्वेद और हृत्कम्प का एक साथ ही आक्रमण हुआ था। हाय! कौन जाने मेरे चरित्र-काव्य के भावी कालिदास को यह धक्का याद भी आयेगा या नहीं। अगर आये तो समाजवाद के इस अग्रदूत का यह अपमानित, अवहेलित धक्का वह कभी नहीं भूलेगा। उसे अपने अग्निगर्भ—असन्तोष-उद्‌गिरण करने वाले—महाकाव्य में इस भयानक अनर्थ का चित्रण ज़रूर करना होगा। साम्राज्यवाद और 'बुर्जुआ' मनोभाव पर भी इसी बहाने उसे एक ठोकर ज़रूर मारते जाना पड़ेगा।

आज का कोई युवक यह नहीं कहता कि केवल वही सत्य बात कर रहा है, बाकी लोग या तो सारे संसार को या अपने-आपको धोखा दे रहे हैं, पर सबके कहने का सारांश वही होता है। मैं भी इस बात को या इसी प्रकार की एक बात को कहने का अभ्यस्त रहा हूँ। इसीलिए उस दिन मैंने एक बार लिखा था कि उस 'आर्ट' का मूल्य ही क्या हो सकता है जिसे समझने के लिए बीस वर्ष लगातार शिक्षा की आवश्यकता हो? ऐसी कला से उस कोटि-कोटि निरन्न-निर्वस्त्र जनता को क्या फ़ायदा है जिसके रक्त को चूसकर ही ये कलाकार और ये कला-कोविद मोटे हो रहे हैं। जिस नृत्यभंगी को समझने के लिए भरत और नंदिकेश्वर का अध्ययन करना पड़े, उसमें वास्तव में जीव नहीं है, वह प्रगति-विरोधी है, वह बुर्जुआ मनोभाव को प्रश्रय देती है। कालिदास से लेकर रवीन्द्रनाथ तक सभी उसी निष्प्राण और 'बुर्जुआ' मनोभाव के पोषक काव्य-कला के कलाकार हैं। आज इस एकाश्ववाही रथ पर बैठने से मेरे मन में कुछ-कुछ सम्राट् का आवेश संचरित हुआ होगा। शायद मेरे अवचेतन मन के समुद्रगुप्त ने आज मेरे चेतन मन को अभिभूत कर लिया होगा। आज मैं सोचता जा रहा था—क्या सचमुच कला भी ग़रीबों के लिए हो सकती है? समाजवाद ग़रीबों के लिए है, या ग़रीबों के ध्वंस के लिए? वह जो चिथड़ों में लिपटी हुई, कराहती हुई ज्वराक्रान्त बुढ़िया हाथ में तैल-किट्टकलुष शीशी लिए नगरी के चिकित्सालय की ओर भागी जा रही है, कला का निर्माण क्या

उसी के लिए होगा? या मारिये गोली कला को; रामराज्य की भारी-भरकम भित्ति क्या इन्हीं मुर्दे कन्धों पर स्थापित होगी? हर्गिज़ नहीं। समाजवाद इन मूढ़, निर्वाक्, दलित-अपमानित, हीन-निर्वीर्य और तेजोहीन पुरुष और स्त्रियों का ध्वंस कर देगा। अवश्य विशेषण को, विशिष्यमाण को नहीं। इन्हीं निर्वीर्य जनसमूहों से तेजोदृप्त जनसमूह का अवतार होगा। पहले राम का अवतार—फिर रामराज्य की स्थापना!

'अब की बार तो सरकार को आप लोगों ने हरा दिया न, हुज़ूर!'

दीर्घ काल के मौन को तोड़ने की इच्छा ही शायद मेरे एकाश्ववाही रथ के सारथी के इस प्रश्न का कारण थी। पिछले निर्वाचन में कांग्रेस ने इस प्रान्त में सचमुच, गर्व-योग्य विजय प्राप्त की थी। मैं बंगाल से आ रहा था। वहाँ के किसी मज़दूर ने ऐसा प्रश्न नहीं किया था। इसलिए नहीं कि बंगाल का मज़दूर कुछ ज्यादा बुद्धिमान् होता है और इसलिए वह ठीक जानता है कि निर्वाचन में जीतने या हारने से सरकार का कुछ बनता-बिगड़ता नहीं; बल्कि इसीलिए कि बंगाल में कांग्रेस की ऐसी जीत हुई ही नहीं थी, और इसलिए जन-साधारण में कांग्रेसवादियों ने बहुत अधिक विज्ञापन करने की आवश्यकता नहीं समझी थी। शायद इसका कारण यह भी रहा हो कि मैं बंगाल के जिस कोने से आ रहा था, वह राजनैतिक केन्द्र की अपेक्षा साहित्यिक केन्द्र अधिक था। वर्तमान राजनीति का हो हल्ला वहाँ कम सुनायी देता है।

टालने के लिए मैंने संक्षेप में जवाब दिया—देखते चलो भाई, अभी देर है!—मगर यह ग़रीब देखेगा क्या? इसे तात्कालिक राजनीति का कुछ भी तो पता नहीं; मेरे ही जैसे गाँधी-मुकुट-धारी किसी समाजवादी अदना सम्राट् ने उसे निर्वाचन के पहले, समझाया होगा कि अब मजदूरों का राज्य होने वाला है, बस, इनमें किसी कांग्रेस-मनोनीत सदस्य को वोट देने-भर की देर है। लेकिन मैं सोचता रहा, इस प्रकार का परिणाम भयंकर भी तो हो सकता है। कुसंस्कारों से आपादमस्तक लदी हुई, इस अशिक्षित जनता को समझाया भी क्या जा सकता है? कहते हैं, ज़माना बदल गया है, वह अपने पूर्वजों की तरह प्राचीन परम्परा को अपरिवर्तनीय विधान मानने को तैयार नहीं है। लेकिन कहाँ! तीन वर्ष के प्रवास के बाद आज लौट रहा हूँ। देखता हूँ, अब भी हिस्टीरिया की दवा ओझे का डण्डा है, मलेरिया में अभी भी लोबान और लाल मिर्च का धुआँ उपादेय समझा जाता है, गण्डे-ताबीज़ की अमोघता में कोई भी अन्तर नहीं आया—सारी रेलगाड़ी तो इस बात का ही सबूत थी। और यह एक्कावान पूछता है कि सरकार की हार हुई या नहीं! सोलह वर्ष पहले गाँवों में यह समाचार बड़ी तेज़ी से फैल गया था कि गाँधीजी को अहमदाबाद

में तोप से उड़ा दिया गया है और वे दिल्ली में लाट साहब के घर के सामने चर्खा कातते पाये गए हैं! आज भी इस प्रकार का समाचार उसी आसानी से फैलाया जा सकता है। आज जब मेरे सारथी ने सरकार की हार को विश्वास के साथ मान लिया है तो मैं सोच रहा हूँ, तोप वाली बात में और मज़दूरों के राज वाली बात में क्या कोई समानता नहीं है? दोनों ही आकाशकुसुम हैं।

लेकिन यह ठीक है कि यह राज्य-व्यवस्था, यह समाज-व्यवस्था, बहुत दिनों तक नहीं टिकेगी। मज़दूरों में बल-संचय होगा। वे अपना अधिकार पायेंगे। हे मेरे अभागे देश। तुमने जिन कोटि-कोटि नर-नारियों का अपमान किया है, अधिक नहीं तो, चिताभस्म के ऊपर एक दिन तुम्हें उन सबके समान होना ही पड़ेगा। तुमने मनुष्य देवता का अपमान किया है, वे तुमसे रूठ गए हैं। शत-शत शताब्दियों से पददलित यह असंख्य जनसमुदाय तुम्हें आगे नहीं बढ़ने देगा। जो नीचे पड़े हैं वे पैर पकड़ कर तुम्हारा चलना दूभर कर देंगे। अपमानित, अवहेलित, दलित और निष्पेषित के समान अगर तुम भी नहीं हो जाते, तो तुम्हारा नाश अवश्यंभावी है। मैंने कल्पना के नेत्रों से देखा कि मैं एक वज्रकपाट-पिहित-अन्धकाराच्छन्न कठोर किले में घुस रहा हूँ। इसका भेद करना आसान नहीं। भावावेश में मैं मन-ही-मन रवीन्द्रनाथ का एक गीत गाने लगा, जिसमें बताया गया है, "ए अभागे, तेरी पुकार सुनकर अगर तेरा साथ देने कोई न आये तो अकेला ही चल! अगर सामने घोर अंधकार दीख पड़े तो वक्षः स्थल की हड्डी खींचकर मशाल जला ले और अकेला ही चल पड़!!" मैं अपने को छिन्न-कार्मुक योद्धा की भाँति दिङ्मूढ़ नहीं पा रहा था; बल्कि अधिज्यधन्वा धनुर्धर की भाँति निर्भीक आगे बढ़ रहा था। ए मेरे भावी कालिदास, भूल न जाना।

फिर एक धक्का; मेरे सारथी ने कहा—'बाबूजी, गंगा मैया ने रास्ता मोड़ दिया, थोड़ी दूर पैदल ही चलना होगा।' 'बहुत अच्छा—' कहकर मैंने अनुरोध-पालन किया। मेरी दाहिनी ओर गंगा मैया लापरवाही से बह रही थीं। कुछ महीने पहले ही इन्होंने साम्यवाद का प्रचार किया था। आसपास के गाँवों के धनी-दरिद्र सबको एक समान भूमि पर ला खड़ा किया था। अब ये विश्रान्त भाव से बह रही थीं। मैंने उनके अनजान में ही एक बार प्रणाम कर लिया। मेरे मन में उस समय एक अटूट निरवच्छिन्न परम्परा के प्रति एक कोमल भाव रहा होगा। उस समय मैं एक बार याद करता था उन लाख-लाख अनुद्गत-यौवना कुमारी ललनाओं को, जिन्होंने अनादि काल से अभिलषित वर की कामना से गंगा मैया के इस स्रोत में लाख-लाख मांगल्य-दीप बहा दिए होंगे। फिर याद आयी मुक्तिकाम महात्माओं की, जिनके तपः पूत ललाट के असंख्य प्रणिपात गंगा की प्रत्येक तरंग ढोती जा

रही थी। और अन्त में याद आयीं गुप्तकाल की ललनाएँ, जिनके बदन-चन्द्र के लोध्ररेणु से नित्य गंगा का जल पांडुरित हो जाता रहा होगा, जिनके चंचल लीलाविलास से बाह्य, प्रकृति का हृदय चटुल भावों से भर जाता रहा होगा, गज-शावक उत्सुकता के साथ करेणुका को पंकजरेणु-गन्धि गण्डूष-जी पिला दिया करता होगा, अर्द्धोपयुक्त मृणाल-खण्ड से ही चक्रवाक युवा प्रिया को सम्भाषित करने लग जाता होगा, क्षण-भर के लिए सैकतचारी हंसमिथुन पीछे फिरकर स्तब्ध ही रहते होंगे। गुप्तकाल के वसन्त-काल में और आज के वसन्त-काल में कितना अन्तर है! वह जो सामने अशोक नामधारी वृक्ष धूलि-धूसर होकर जिन्दगी के दिन काट रहा है, उन दिनों, आसिंजित-नूपुर चरणों के आघात की भी इन्तज़ारी नहीं करता था, वसन्त-देवता के आते ही कन्धे पर से फूट पड़ता था, पर आज! आज की बात मत पूछिये। मुझे साफ़ मालूम हो रहा था कि गंगा की प्रत्येक बूँद के अन्तस्तल में गुप्तकाल के आसिंजित-नूपुर की झनकार अनुरणित हो रही है। अब भी इसीलिए गंगा की तरंग मस्त है, लापरवाह है, सतेज है। उस नशे की खुमारी अब भी दूर नहीं हुई है। और हम मनुष्य कहलाने वाले जीव इतने गए-बीते हैं कि कुछ पूछो ही नहीं।

'डिफीटेड मेण्टेलिटी'—पराजित मनोभाव। सामने दुर्भेद्य अज्ञान-दुर्ग है—बाहर का शोषण और भीतर की लूट ज़ारी है—और तुम गुप्तकाल के स्वप्न देख रहे हो। इसे ही पराजित मनोभाव कहते हैं। आज का हरेक कवि, हरेक लेखक इसी पराजित मनोभाव का शिकार है। अंग्रेज-काल गुप्तकाल नहीं है : वर्तमान अतीत-जैसा मोहक नहीं है। उज्जयिनी की अभिसारिकाएँ न जाने कौन-सी गुदगुदी पैदा करके और न जाने कौन-सा वैराग्य उद्रिक्त करके अस्त हो गईं। आज बड़े-बड़े नगरों के वेश्यालय देश की समस्त नैतिकता, समग्र काव्यकला, समग्र आचार-परम्परा पर मानो बड़े प्रश्नवाचक चिह्न हैं। वर्तमान युग युवती विधवाओं द्वारा अभिशप्त है, अपमानित-दलित सधवाओं द्वारा अवरुद्ध है। निरूपाय सामान्याओं द्वारा कलंकित है। इस असौन्दर्य के ढूह में काव्य-कला टिक नहीं सकती। साफ़ करो पहले इस जंजाल को, इस कूड़े को, इस आवर्जना को, इस अन्धकार को!

फिर मैं सोचने लगा—अतीत क्या चला ही गया। अपने पीछे क्या हम एक विशाल शून्य मरुभूमि छोड़ते जा रहे हैं! आज जो कुछ हम कर रहे हैं, कल क्या वह सब लोप हो जायगा! कहाँ जायगा यह! मैं किसी तरह विश्वास नहीं कर सकता कि अतीत एकदम उठ गया है। मुझे साफ दिख रहा है, इसी गंगा की तरह मस्त भाव से बहती हुई सिप्रा की लोल तरंगों पर बैठे हुए कवि कालिदास उज्जयिनी के सौघनिहित वातायनों की ओर देख रहे हैं। हाय, कहीं मैं भी उनके

साथ होता! सिप्रा की शत-शत ऊर्मियाँ अप्सराओं के रूप में मुहूर्त भर को लालायित करके लुप्त होती जा रही हैं। कवि के नयनों के सामने शत-शत विकच कमल किन्नरों के रूप में विकसित होते जा रहे हैं। तट-भूमि पर कहीं अलकार्पित, कर्णिकार, आगंड-विलम्बि-केसर शिरीष, कहीं विस्रस्त-वेणीच्युता अशोक-मंजरी, कही त्वरा-परिव्यक्त लीला-कमल अम्लान भाव से बिखरे पड़े हैं। मैं स्पष्ट देखता हूँ, अतीत कहीं गया नहीं है। वह मेरी रग-रग में सुप्त है। ना, अतीत एक विशाल मरुभूमि कभी नहीं है!

सत्य क्या है? वे जो दो ग्वाल-बाल नग्नप्राग अवस्था में खड़े हैं, शरीर उनका अस्थिपंजर-मात्र अवशिष्ट है, चेहरा उनका भारतवर्ष का नक़्शा है—(दोनों गाल दोनों समुद्र और चिबुक कुमारिका अन्तरीप।) पेट उनका सारे जगत् का अनुकारी विशाल ग्लोब है—यही क्या भारतवर्ष है? यही क्या सत्य है? उच्छिन्न-वीर्य कंकाल-शेष भारतवर्ष! मैं तुम्हें प्रणाम करता हूँ; लेकिन मेरा मन यह नहीं मानना चाहता कि इन चर्म चक्षुओं के सामने जो कुछ हिल-डोल रहा है वही सत्य है—'जाहा घटे तहा सब सत्य नहे।'

भारतवर्ष! उपयुक्त रास्ते पर सारथी के अनुरोध पर फिर रथारूढ़ होते हुए मैंने सोचा, हजार-हजार जाति और उपजातियों में विभक्त, शत-शत साधु-सम्प्रदायों द्वारा जर्जरी-कृत, विविध आचार-परम्परा का शतच्छिद्र-कलश, भारतवर्ष!! यही क्या सत्य है? या विराट् मानव-महासमुद्र भारतवर्ष, जहाँ आर्य और अनार्य, शक और हूण, चैनिक और तुरुष्क, मुगल और पठान, एक दिन दृप्तवीर्य होकर आये और सब भूलकर एक हो रहे!! हे मेरे चित्त, भारतरूप इस महा मानव-समुद्र के पुण्य-तट पर स्थिर भाव से जगा रह! कौन जाने, किस विधाता ने किन महारत्नों को मथ निकालने के लिए यहाँ उत्कट देवासुर-युद्ध का विधान किया है। भारतवर्ष का अतीत उसके साथ है, वर्तमान उसके आगे है और वह सुदूर उदयाचंल के पास स्वर्णज्योति झिलमिला रही है, वही उसके तेजोमय भविष्य की निशानी है। इसका प्रथम प्रकाश मेरे इस दुग्ध-धवल गाँधां-किरीट पर भी पड़ रहा है।

मेरा रथ अब गन्तव्य पर आ गया।

गजानन माधव मुक्तिबोध

अपनी रचनाओं के माध्यम से सुख-दुख संघर्ष और घात-प्रतिघात की महाकाव्यात्मक अभिव्यक्ति करने वाले बहुमुखी प्रतिभा के लेखक मुक्तिबोध का जन्म 13 नवम्बर 1917 को ग्वालियर में हुआ था। माँ सम्पन्न किसान परिवार से सम्बद्ध थीं तो पिता पुलिस विभाग में अधिकारी थे। मुक्तिबोध बचपन से ही जिज्ञासु तथा ज्ञान-पिपासु रहे। 1953 में नागपुर विश्वविद्यालय से एम. ए. किया। जीवन वैचारिक व आर्थिक संघर्षों से गुजरा।

मुक्तिबोध बहुमुखी प्रतिभा के धनी लेखक थे। जिस भी विधा को हाथ लगाया, उसी पर मौलिकता की छाप छोड़ी। कवि रूप में तो मुक्तिबोध विख्यात हैं ही, गद्यकार के रूप में भी इनकी अपनी एक पहचान है। 'एक साहित्यिक की डायरी' में इनके साहित्य सम्बन्धी विचार व्यक्त हुए हैं। इस संग्रह के सभी निबन्ध वैचारिक रूप से समृद्ध हैं। ये निबन्ध रचनात्मकता के भी उत्कृष्ट उदाहरण हैं। इन पर मनोविज्ञान, तर्कशास्त्र, दर्शन, दोस्तोवस्की, गोर्की व फ्लावेयर का प्रभाव था। रूढ़ियों का परित्याग कर एक नयी दृष्टि, नया अनुभव लिए मुक्तिबोध की संवेदना व सहानुभूति उपेक्षित व दलितों के साथ रही। कर्त्तव्य परायणता, निर्भीकता, ईमानदारी आदि प्रवृत्तियाँ इन्हें पिता से ही विरासत में प्राप्त हुईं जिसका प्रतिफलन साहित्य में सर्वत्र देखा जा सकता है क्योंकि मुक्तिबोध का यह विचार रहा कि परिवार के मूल्य जीवन में होंगे और वे ही साहित्य में भी उतरेंगे। साहित्य में आकर यद्यपि उनकी रूपरेखा बदल जाती है परन्तु जो एटीट्यूट्ज हैं, वे अवश्य ही साहित्य में उतरते हैं। मुक्तिबोध बर्गसां के व्यक्तिवाद और मार्क्सवाद से प्रभावित हुए। मार्क्सवाद इन्हें अधिक वैज्ञानिक, अधिक मूर्त और तेजस्वी दर्शन देने में सफल सिद्ध हुआ। इनकी समस्त रचना प्रक्रिया का मूल केन्द्र है—मानसिक द्वन्द्वयुक्त असंतोष अतएव विषय वस्तु का चुनाव किसी न

किसी संघर्ष से जुड़ा रहा। कहीं यह संघर्ष सौंदर्य के अन्वेषण के स्तर पर, कहीं विश्व-मानव के सहभोक्ता के रूप में, कहीं व्यक्ति के आत्मशोधन के स्तर पर तो कहीं सामाजिक वर्ग-वैषम्य के विरोध में। संघर्षजन्य द्वन्द्व इनके रचना-विकास-क्रम के हर स्तर पर उपस्थित है।

मुक्तिबोध के गद्यसाहित्य में विचारों को बोझ की तरह पाठक के मन पर लादा नहीं गया है। गंभीर से गंभीर चर्चा को प्रतीकों के सहारे कथात्मक-कथोपकथन शैली में अभिव्यक्त किया गया है।

'डबरे पर सूरज का बिम्ब' में रचनाकार के आत्मसंघर्ष और रचनात्मक दृष्टिकोण पर वस्तुपरक टिप्पणी की गई है। इसके साथ-साथ रचना और जीवन के सम्बन्ध, रचना व रचनाकार के सम्बन्ध, रचनाकार व आलोचना के पारस्परिक सम्बन्धों पर दृष्टि डाली गई है। यदि रचनाकार अपने भीतर पड़ने वाले जीवन के बिम्ब को ही चित्रित कर ले तो वह अपना दायित्व निभाता है।

डबरे पर सूरज का बिम्ब

जब उससे मैं सड़क पर मिला, मुझे लगा कि वह ठीक बात करने के मूड में नहीं है। राह में मुझे देखकर वह खुश नहीं हुआ था। उसकी शर्ट की पीठ पसीने से तर-बतर थी, हाल अस्त-व्यस्त थे। और चेहरा ऐसा मलिन और क्लान्त था मानो सौ जूते खाकर सवारी आ रही हो। तत्काल निर्णय लिया कि वह सरकारी दफ्तर से लौट रहा है, कि वह पैदल आ रहा है, कि वह वहाँ अहलकार की किसी ऊँची या नीची साहित्यिक या राजनीतिक श्रेणी का ही एक हिस्सा है, वह मुझे फ़र्स्ट क्लास सूट-बूट में देख सिर्फ़ आगे बढ़ जाना चाहता है, क्योंकि वह बग़ल में खड़ा होकर, कॅण्ट्रास्ट खड़ा नहीं करना चाहता।

पुराने ज़माने में भूखे व्यक्ति को अन्न देने से जितना पुण्य लगता था, आधुनिक काल में शायद उससे भी अधिक पुण्य श्रम से मलिन और थके हुए व्यक्ति को एक कप गरम-गरम चाय प्रदान करते हुए दो मीठी बातें करने से लग जाना चाहिए। मेरे इस तर्क का आधार यह है कि आज-कल सच्चा श्रम, जिससे चेहरा सूख जाता है, पसीना आता है, कपड़ों की इस्तिरी बिगड़ जाती है, ओछे हुए बाल अस्त-व्यस्त हो जाते हैं, उँगलियों को स्याही लग जाती है, आँखें कमज़ोर हो जाती हैं, अपने से बड़े पदाधिकारियों के मारे दिल धक-धक करता है। मतलब यह कि कम से कम मानवोचित सुविधाओं में अधिक से अधिक श्रम की मनुष्य-मूर्ति—दुनिया को तो छोड़ ही दीजिए—अपने भाइयों की, उनकी आँखों में भी हज़ार सहानुभूतियों के बावजूद, सूक्ष्म और स्थूल अनादर की पात्र है, असम्मान की पात्र है। ट्रैजेडी तो यह है कि ऐसी मनुष्य मूर्ति अपने स्वयं की आँखों में भी अनादर और असम्मान की ही पात्र होती है। इस विश्व-व्यापी और अन्तर्यामी अनादर और असम्मान की धूल धारण कर, हृदय में बासी कड़ुआ जहर लिये हुए थके, क्लान्त और श्रमित व्यक्ति जब अपने दप्तरों से बाहर दो मील दूर अपने घर की तरफ़ लुढ़कते-पुढ़कते निकलते हैं। तो उनके मन में और हमारे मन में श्रम का कितना महान आध्यात्मिक मूल्य अवतरित होता है, वह वर्णनातीत है।

इस तिराहे पर खड़े होकर, मुझे उस व्यक्ति की जरूरत महसूस हुई। वह मेरा परिचित था। आखिर, जब मैं इस कोने में अकेला खड़ा हूँ तो वह मुझसे बातचीत तो कर ही सकता था। मुझे लगता था कि जब तक मैं अपनी बकवास पूरी नहीं कर लूँगा मुझे चैन न मिलेगी।

मैं पान चबा रहा था। सुर्खरू था। ऐसे मौक़े पर मनुष्य स्वभावतः बुद्धिमान हो जाता है। उसमें आत्मविश्वास की तेजस्विता रहती है—वह क्षण स्थाई ही क्यों न हो। वह आशावादी होता है। वह नसीहत दे सकता है। वह दूर-द्रष्टा होता है, चाहे तो पैगम्बर हो सकता है, चाहे तो वह रोमैंटिक प्रेमी बन सकता है वाह-वाह। सुर्खरूपन, तेरा क्या कहना! बिना श्रम के जो प्राप्ति होती है, उपलब्धि होती है, वही तू है!

पल-भर मैं संकोच की गटर-गंगा में डूब गया। मैं रीअली (सचमुच) फ़र्स्ट क्लास कपड़े पहने था। बेहतरीन सूट। मैं गया था शहर के ऊँचे दरजे के कुछ लोगों से मिलने। वहाँ या तो महँगी क़िस्म के खादी के कपड़े चलते थे या ये कपड़े। आजकल मैं आधा बेकार हूँ। अपने ही घर में शरणार्थी हूँ। लिहाजा कुछ 'बड़े' आदमियों के यहाँ जाकर, एक असिस्टेंट डायरेक्टर के पद (वह जगह अभी खाली नहीं हुई थी, लेकिन सुना था कि होने वाली थी) के लिए कोशिश कर रहा था।

और ज्यों ही आप ऐसे कपड़े पहन लेते हैं, अपने धुले-पुँछेपन को स्वास्थ्य की संवेदना मानते हुए (थोड़ी देर के लिए ही क्यों न सही) अपने को 'बाश्शा' अनुभव करते हैं! गौरव और गरिमा की यह संवेदना!! तेरा नाम सत्य है, तेरा नाम शिव है, तेरा नाम है सौन्दर्य!

लेकिन शहर के उस फ़ैशनेबल मुहल्ले के अपने आत्मीयों से लौटकर मुझे आकस्मिक यह भावना हुई कि मैं अकेला हूँ, कि अपनी असली श्रेणी के साथी के साथ बैठकर ही मैं अपने आनन्द का वितरण और उपभोग कर सकूँगा। और इसी अन्तःप्रवृत्ति के अन्दरूनी धक्के के फलस्वरूप मैं ऑफिस से लौटते हुए उस व्यक्ति को आमन्त्रण दे बैठा!

लेकिन ज्यों ही मैं उसके साथ चाय पीने लगा, हम दोनों के बीच एक जहरीली चुप्पी की रेखा दूरी का माप-दंड बनने की कोशिश करने लगी। मैंने उदारता की पराकाष्ठा करते हुए उसके लिए एक कप चाय और मँगवा दी!

मैं अपने शरीर पर पड़े हुए कपड़ों से लगातार सचेत था। ये वस्त्र ही हैं कि मुझे उससे दूर ठेले जा रहे थे! इस संकोच को दूर हटाने के लिए मैंने कोट उतारकर रख दिया। गरमी के बहाने शर्ट के बटन इस प्रकार खोल दिये कि अन्दर उलटी पहनी हुई जीर्ण-शीर्ण फटी बनियान लोगों को दिखाई दे सके!

मैं चाहता था कि मेरे अन्दरूनी नक्शे को देखे। लेकिन शायद वह अपनी धुन के धुंधलके में उड़ते हुए थके-हारे पंछी की भाँति नीड़ में समाना चाहता था। घर

लौटना चाहता था।

मैं अपने को उससे एक गज़ ऊँचा अनुभव न करूँ और सच्ची मेहनत का शाप न झेल सकने के कारण उससे एक गज़ नीचा भी न अनुभव करूँ, इसलिए उसका जी खुश करके उसके साथ हँस-बोल लेने के लिए मैंने उससे पूछा, 'कल ऑल इंडिया रेडियो से मैंने आपकी कहानी सुनी। बहुत अच्छी थी! पढ़ी भी अच्छी गयी!'

उसने मेरी तरफ ध्यान से देखा—यह जानने के लिए कि मेरा इरादा क्या हो सकता है।

उसने प्रभुतावश कहा, "अजी, आप तो बस आलोचक हैं, नुक्स बताइए!" मैंने विश्वास दिलाया कि उसकी कहानी बहुत अच्छी थी, क्योंकि वह सचमुच बहुत अच्छी थी। लेकिन उसका जी नहीं भरा।

उसने मेरी तरफ़ ग़ौर से देखा। वह एक पतला-लम्बा चेहरा था। ज़रूरत से ज्यादा ऊँचा माथा—शायद आगे के बाल कम होने के कारण! मुझे ऐसे चेहरे पसन्द हैं। ऐसे लोगों में आप डूब सकते हैं। और आपकी डुबकी को वे एन्जॉय करने (मजा लेने) की ताक़त रखते हैं। कम से कम मेरा खयाल है। मेरे द्वारा की गयी प्रशंसा के प्रति उसकी सन्देह की दृष्टि मुझे बहुत-बहुत भायी। एक सच्चा लेखक जानता है कि वह कहाँ कमजोर है कि उसने कहाँ सच्चाई से जी चुराया है, कि उसके कहाँ लीपा-पोती कर डाली है, कि उसने कहाँ उलझा चढ़ा दिया है कि उसे वस्तुतः कहना क्या था और कह क्या गया है, कि उसकी अभिव्यक्ति कहाँ ठीक नहीं है। वह बखूबी जानता है। क्योंकि वह लेखक सचेत है। सच्चा लेखक अपने खुद का दुश्मन होता है। वह अपनी आत्म-शांति को भंग करके ही लेखक बना रह सकता है! इसीलिए लेखक अपनी कसौटी पर दूसरों की प्रशंसा को भी कसता है और आलोचना को भी। वह अपने खुद का सबसे बड़ा आलोचक होता है।

बेचारा सर्वज्ञ शब्द-तत्पर आलोचक यह सब क्या जाने! वह केवल बाह्य प्रभाव की दृष्टि से देखता है। आलोचक साहित्य का दारोग़ा है। माना कि दारोग़ापन बहुत बड़ा कर्त्तव्य है—साहित्य, संस्कृति, समाज, विश्व तथा ब्रह्मांड के प्रति। लेकिन मुश्किल यह है कि वह जितना ऊँचा उत्तरदायित्व सिर पर ले लेता है, अपने को उतना ही महान् अनुभव करता है। और सच्चा लेखक जितनी बड़ी जिम्मेदारी अपने सिर पर ले लेता है, स्वयं को उतना अधिक तुच्छ अनुभव करता है। उसे अपनी अक्षमता और आत्मसीमा का साक्षात् बोध होता रहता है। ऐसा क्यों? इसलिए कि वह अपनी अभिव्यक्ति की तुलना जी में धड़कने वाले केवल वस्तु-सत्य से ही नहीं करता, वरन् अपने स्वयं के साक्षात्कार-सामर्थ्य की तुलना उस वस्तु-सत्य की विशालता से करता है। आत्म-सत्य भी कह सकते हैं उसे, जिसकी धारणा के लिए उसे लगता है कि जितनी आवश्यक मनःशक्ति उसमें चाहिए उतनी नहीं है। कभी-कभी तो उसे केवल आभास-संवेदन से ही काम चला

लेना पड़ता है। तब अपनी विषयवस्तु की विशालता और गहराई की तुलना में लेखक अपने को हीन क्यों न अनुभव करे, जबकि वह खूब जानता है कि उसने जो कुछ वस्तुतः सम्पन्न किया है उससे भी अच्छा किया जा सकता था। विषय-वस्तु के प्रति लेखक का यह संवेदनात्मक उत्तरदायित्व, उसकी मनःशक्ति को किस तरह भंग किये रखता है, यह किसी सच्चे लेखक से ही जाना जा सकता है।

मैंने उस दुबले-पतले चेहरे के सन्देह-भाव को देखा और बात पलटने की दृष्टि से कहा, "यह ज़रूर है कि आपकी कहानी बहुत मनोवैज्ञानिक थी।"

उसने मुसकराकर जवाब दिया, "मनोवैज्ञानिक न होती तो क्या होती! मन में ही घुलते और घुलते रहने के सिवा और क्या है जिन्दगी में?"

मैंने उससे असहमति प्रकट करना चाही। मैंने पूछा, "तो क्या आप कुंठा को मनोवैज्ञानिकता की जननी मानते हैं।"

"कुंठा-कुंठा, मैं नहीं समझता," उसने जवाब दिया, "हर ज़माने में ग़रीबों की मुश्किल रही है, हर ज़माने में एक श्रेणी का दिल नहीं खुला है—बहुत विशाल श्रेणी का, भारतीय जनता का, मेहनतकश का।" वह आगे कहता गया, "पिछला कौन-सा ऐसा युग था जिसमें कुंठा न रही हो?....और फिर ....और फिर...कुंठा का मतलब क्या है?" उसने समझाते हुए कहा, कुंठा का आधिपत्य तो तब समझना चाहिए जब कुंठा के बुनियादी कारणों को दूर करने की बेसब्री और विक्षोभ न हो। हाँ, कुंठा का अगर फ्रायडियन साइकोऐनेलिटिक मतलब लिया जाये तो दैनिक जीवन के कंठावरोध से उसका कोई सम्बन्ध नहीं है। कुंठा शब्द फ्रायडवाद और मार्क्सवाद की संकर सन्तान है।"

वह दुबला-पतला चेहरा मेरे सामने उठावदार और उभारदार हो गया, उसमें भव्य गरिमा प्रतिबिम्बित हो उठी। मुझे लगा—उसका दिमाग़ खुद-ब-खुद सोचता है। उस व्यक्ति में मेरी दिलचस्पी ज्यादा बढ़ गयी। मैं उसके विचारों को आदरपूर्वक सुनने लगा।

उसने मुझे बोलने का अवसर न देते हुए कहा, "मैं तो सिर्फ़ मेहनत पर, अकारण मेहनत पर, उस मेहनत पर जो अपना पेट भी नहीं भर सकती, उस मेहनत पर जो बहुत सज्जन है, उस सहन-शील श्रम पर लिखने वाला हूँ, उस श्रम का चित्रण करना चाहता हूँ, जिसका बदला कभी नहीं मिलता और जिसे आये-दिन आत्मबलिदान और त्याग की नसीहत दी जाती है! मैं उस भयानक मशीन का चित्रण करने वाली कहानी नहीं, बल्कि उपन्यास लिखनेवाला हूँ, जिसमें हर आदमी वह नहीं है जो वह वस्तुतः है या होना चाहेगा। उसमें मशीन का दोष नहीं मशीन चलाने वालों का गुरुतर अपराध है! इस मशीन की लौह-नलियों में पड़े हुए मानवी श्रम का मैं चित्रण करना चाहता हूँ। कहिए, आपका क्या खयाल है?"

मैंने ढाई मिनिट तक जैसे साँस ही नहीं ली। उसके भाव-विचार ने न केवल मुझे प्रभावित किया था, वरन् दिमाग़ पर दबाव डाल दिया था। मेरे सिर पर वज़न हो गया था।

मैंने धीरे-धीरे कहा, "जरूर चित्रण कीजिए, ज़रूर लिखिए!"

"क्यों, लेकिन आप चुप हो गये!"

मैंने कहा, "चुप नहीं, मैं सोच रहा था कि सिर्फ बहुत बड़ी थीम (विषय) उठा लेने से काम नहीं चलता। यह ज़रूरी है कि सिर्फ़ उतना ही अंश उठाया जाय जिसका मन पर अत्यधिक आघात हुआ हो। बड़ी भारी बिल्डिंग खड़ी करने की बजाय छोटी-सी कुटिया खड़ी की जाय तो अधिक अच्छा होगा।"

उसने कहा, "सही है। आसमान का चित्रण सधे न सधे, सामने के मैले डबरे में सूरज के बिम्ब का चित्रण करना चाहिए, शायद वह मेरे जीवन-सत्य के अधिक निकट होगा! उतना चित्रण मुझसे सध भी जाएगा।" उस व्यक्ति के इस वचन में आत्म-दया की हलकी-सी गूँज मुझे सुनाई दी।

मैंने बेरुखी से कहा, "इस आत्म-दया की ज़रूरत नहीं। एक सच्चे आर्टिस्ट का संघर्ष बहुत घुमावदार होता है। हाँ, लेकिन, आपकी इमेज बहुत अच्छी है। हम सब लोग ऐसे ही डबरे हैं, जो अपने भीतर सूरज का प्रतिबिम्ब धारण किये हैं। पूरा वस्तु-सत्य इस इमेज में आ गया है। इसलिए वह महत्त्वपूर्ण है। हमारा परिश्रम भी तो थोड़ा नहीं है। हमारी साँस भी तो उखड़ी-उखड़ी है। डबरे हुए तो क्या हुआ, हैं तो प्रकृति-जन्य!"

एकाएक जैसे मैंने उसकी कमज़ोर रग पकड़ ली। उसमें आत्मविश्वास की कमी थी। जब सिर्फ सीना तानकर लोग खोटा माल खपा देते हैं और प्रभाववादी होने के बहाने हर मामूली को ग़ैर-मामूली बनाकर दुनिया के सामने उसे पेश करते हैं तो जो चीज़ सही और सच्ची है वह क्यों न ऐंठें?

मैंने उससे कहा, "आजकल सचाई का सबसे बड़ा दुश्मन असत्य नहीं स्वयं सचाई ही है, क्योंकि वह ऐंठती नहीं, सज्जनता को साथ लेकर चलती है। आजकल के ज़माने में वह है आउट ऑफ डेट। जी! इसलिए सत्य ज़रा युयुत्सु बने, वीर बने तभी वह धक सकता है, चल सकता है, बिक सकता है।"

वह और भी अप्रतिभ हो गया। किन्तु उसके चेहरे पर भीतर की खुशी का ज्यादा उजाला लाने के लिए मैंने उससे कहा, "बोल्डनेस हैज़ जीनियस (औद्धत्य की अपनी प्रतिभा है)। यह गेटे का वाक्य है। मैं इसे उलटा करके पढ़ता हूँ।" मेरे क़ीमती कपड़ों के ठाठ ने मुझे कुछ उत्साहित तो कर ही दिया था (लेकिन क्या मैं सच कह रहा हूँ?) जो हो, हम दोनों जब विदा हुए, बहुत दोस्त बनकर विदा हुए।

हरिशंकर परसाई

अपने मंतव्य को पाठक के मर्म तक पहुँचाने के लिए व्यंग्य का साधन प्रयुक्त करने वाले निबन्धकार हरिशंकर परसाई का जन्म 22 अगस्त 1924 को मध्यप्रदेश के ग्राम 'जमानी' में हुआ था। नागपुर विश्वविद्यालय से एम. ए. की उपाधि प्राप्त की। तत्पश्चात् अध्यापन कार्य में प्रवृत्त हुए और इसे ही अपनी आजीविका का साधन बनाया। लेखन के प्रति गहन अभिरुचि थी परन्तु अध्यापन कार्य छोड़ दिया और स्वतन्त्र होकर साहित्य की सेवा में रत हो गए। कुछ वर्षों तक पत्र-पत्रिकाओं से जुड़े रहे व उनके सम्पादन का कार्य करते रहे। जबलपुर से निकलने वाली मासिक पत्रिका 'वसुधा' का सम्पादन व प्रकाशन किया। आर्थिक विपन्नता में जीवन जी रहे थे क्योंकि आजीविका हेतु अध्यापक की नौकरी से त्यागपत्र दे चुके थे। विभिन्न जीवन संघर्षों एवं आर्थिक कठिनाइयों के कारण 'वसुधा' पत्रिका का प्रकाशन भी स्थगित कर देना पड़ा। अब साहित्य सेवा ही इनके जीवन का ध्येय हो गया।

हरिशंकर परसाई मूलतः निबन्ध व व्यंग्य लिखते हैं। व्यक्ति व समाज के विकास में प्रायः अवरोधक परिस्थितियाँ आ जाती हैं, उनका व्यंग्यात्मक निरूपण परसाई जी के निबन्धों की विशिष्टता है। इनकी दृष्टि में व्यंग्य मनोरंजन का साधन मात्र नही है अपितु रचना के भीतर एक विशिष्ट मंतव्य या कथ्य उपस्थित रहता है, उसे अभिव्यक्त करना ही इनका उद्देश्य है। व्यंग्य के द्वारा अपने अभिप्राय को पाठक के मर्म तक पहुँचा देते हैं। इस प्रकार व्यंग्य सम्प्रेषण का एक साधन विशेष बन जाता है। हरिशंकर परसाई अत्यन्त सहजता से अपनी बात दूसरों तक पहुँचा देते हैं और उसी सहजता से दूसरों के बारे में भी अपना मत व्यक्त कर देते हैं। इनके व्यंग्य लेखन में कथात्मक सहजता का विशेष योगदान है।

'पहला सफेद बाल' हरिशंकर परसाई का व्यंग्य पूर्ण शैली में लिखा निबन्ध है जहाँ कथात्मकता तथा विविध संदर्भों द्वारा अपने मंतव्य को स्पष्ट करते चलते हैं। उत्तराधिकार व उत्तराधिकारी का प्रश्न निबन्धकार के समक्ष उत्पन्न होता है। उनकी पीढ़ी के बाल तो जन्म से ही सफेद हैं क्योंकि वे महायुद्धों की छाया में बढ़े, अभावग्रस्त जीवन जीते रहे और जिजीविषा को खाते रहे। अतः उनके पास क्या है? भविष्य—विराट भविष्य और वह भी आने वाली पीढ़ियों का इस कारण उत्तराधिकारी की समस्या भी हल हो गई। पुत्र तो पीढ़ियों के होते हैं, केवल जन्मजात किसी का पिता नहीं होता अतः वह एक भविष्य देना चाहता है, जिसे मूर्त रूप देने में अभी वह जुटा है। भविष्य के निर्माण के लिए स्वयं को मिटाना है।

पहला सफ़ेद बाल

आज पहला सफ़ेद बाल दिखा। कान के पास काले बालों के बीच से झाँकते इस पतले रजततार ने सहसा मन को झकझोर दिया।

ऐसा लगा जैसे वसन्त में वनश्री देखता घूम रहा हूँ कि सहसा किसी झाड़ी से शेर निकल पड़े।

या पुराने जमाने में किसी मजबूत माने जाने वाले किले की दीवार पर रात को बेफ़िक्र घूमते गरबीले किलेदार को बाहर से चढ़ते हुए शत्रु के सिपाही की कलगी दिख जाए।

या किसी पार्क के कुंज में अपनी राधा को हृदय से लगाए प्रेमी को एकाएक राधा का बाप आता दिख जाए।

कालीन पर चलते हुए काँटा चुभने का दर्द बड़ा होता है। मैं अभी तक कालीन पर चल रहा था। रोज़ नरसीसस जैसी आत्मरति से आईना देखता था, घुँघराले काले केशों को देखकर, सहलाकर-सँवारकर, प्रसन्न होता था। उम्र को ठेलता जाता था। वार्द्धक्य को अँगूठा दिखाता था। पर आज कान में यह सफेद बाल फुसफुसा उठा, "भाई मेरे, एक बात कॉन्फिडेंस' में कहूँ—अपनी दुकान समेटना अब शुरू कर दो।"

तभी से दुःखी हूँ। ज्ञानी समझाएँगे—जो अवश्यंभावी है, उसके होने का क्या दुःख? जी हाँ, मौत भी तो अवश्यंभावी है। तो क्या ज़िन्दगी-भर मरघट में अपनी चिता रचते रहें? और ज्ञान से कहीं हर दुःख जीता गया है? वे क्या कम ज्ञानी थे, जो मरणासन्न लक्ष्मण का सिर गोद में लेकर विलाप कर रहे थे—'मेरो सब पुरुषारथ थाको!' स्थितप्रज्ञ दर्शन अर्जुन को समझाने वाले की आँखें उद्धव से गोकुल की व्यथा-कथा सुनकर, डबडबा आयी थीं। मरण को त्योहार मानने वाले ही मृत्यु से अधिक भयभीत होते हैं। वे त्योहार का हल्ला करके अपने हृदय के सत्य

भय को दबाते हैं।

मैं वास्तव में दुःखी हूँ। सिर पर सफेद कफन बुना जा रहा है। आज पहला तार डाला गया। उम्र बुनती जाएगी इसे और यह यौवन की लाश को ढँक लेगा। दुःख नहीं होगा मुझे? दुःख नहीं होगा उन्हें, जो बूढ़े ही जन्मे हैं।

मुझे गुस्सा है इस आईने पर। वैसे तो यह बड़ा दयालु है, विकृति को सुधारकर चेहरा सुडौल बनाकर बताता है। आज एकाएक यह कैसे क्रूर हो गया! क्या इस एक बाल को छिपा नहीं सकता था? उसे दिखाए बिना क्या उसकी ईमानदारी पर बड़ा कलंक लग जाता? उर्दू कवियों ने ऐसे संवेदनशील आईनों का जिक्र किया है, जो माशूक के चेहरे में अपनी ही तस्वीर देखने लगते हैं। जो उस मुख के सामने आते ही गश खाकर गिर पड़ते हैं; जो उसे पूरी तरह प्रतिबिम्बित न कर सकने के कारण चटक जाते हैं। सौन्दर्य का सामना करना कोई खेल नहीं है। मूसा बेहोश हो गया था! ऐसे भले आईने होते हैं, उर्दू कवियों के। और यह एक हिन्दी-लेखक का आईना है।

मगर आईने का क्या दोष? बाल तो अपना सफेद हुआ है। शरीर का रस पिलाकर पाला, हजारों शीशियाँ तेल की उँड़ेल दीं—और ये धोखा दे गए। संन्यासी शायद इसलिए इनसे छुट्टी पा लेता है कि उस विरागी का साहस भी इनके सामने लड़खड़ा जाता है।

आज आत्म-विश्वास उठ जाता है, साहस छूट जाता है, किले में आज पहली सुरंग लगी है। दुश्मन को आते अब क्या देर लगेगी?

क्या करूँ! इसे उखाड़ फेंकूँ, लेकिन सुना है कि यदि एक सफेद बाल को उखाड़ दो, वहाँ एक गुच्छा सफेद हो जाता है। रावण जैसा वरदानी होता है, कमबख्त। मेरे चाचा ने एक नौकर सफेद बाल उखाड़ने के लिए ही रखा था। परन्तु थोड़े समय में उसके सिर पर काँस फूल उठा था। एक तेल बड़ा मन-राखन हो गया है। कहते हैं उससे बाल काले हो जाते हैं (नाम नहीं लिखता, व्यर्थ प्रचार होगा)। उस तेल को लगाऊँ? पर उससे भी शत्रु मरेगा नहीं। उसकी वर्दी बदल जाएगी। कुछ लोग खिजाब लगाते हैं, वे काफी दयनीय होते हैं। बुढ़ापे से हार मानकर यौवन का ढोंग रचते हैं। मेरे एक परिचित खिजाब लगाते थे। शनिवार को वे बूढ़े लगते और सोमवार को जवान—इतवार उनका रंगने का दिन था। न जाने ढलती उम्र में वे काले बाल किसे दिखाते थे? शायद तीसरे विवाह की पत्नी को। पर वह उन्हें बाल रंगते तो देखती होगी ही। और क्या स्त्री को केवल काले बाल दिखाने से यौवन का भ्रम उत्पन्न किया जा सकता है? नहीं, यह सब नहीं होगा। शत्रु को सिर पर बिठाए रखना पड़ेगा। जानता हूँ, यह धीरे-धीरे सब

वफादार बालों को अपनी ओर मिला लेगा।

याद आती है, मेरे समानधर्मा, कवि केशवदास की, जिसे 'चन्द्रवदन मृगलोचनी' ने बाबा कह दिया, तो वह बालों पर बरस पड़ा था। हे मेरे पूर्वज, दुखी, रसिक कवि! तेरे मन की ऐंठन मैं अब बखूबी समझ सकता हूँ। मैं चला आ रहा हूँ, तेरे पीछे। मुझे 'बाबा' तो नहीं पर दादा कहने लगी हैं—बस, थोड़ा ही फासला है! मन बहुत विचलित है। आत्मरति के अतिरेक का फल नरसीसस से भोगा था। मुझे भी भोगना पड़ेगा। मुझे एक अन्य कारण से डर है। मैंने देखा है, सफेद बाल के आते ही आदमी हिसाब लगाने लगता है कि अब तक क्या पाया? आगे क्या करना है। और भविष्य के लिए क्या संचय किया? हिसाब लगाना अच्छा नहीं होता। इससे ज़िन्दगी में वाणिक वृत्ति आती है और जिस दशा से कुछ मिलता है, आदमी उसी दिशा में सिजदा करता है। बड़े-बड़े 'हीरो' धराशायी होते हैं। बड़ी-बड़ी देव-प्रतिमाएँ खण्डित होती हैं। राजनीति, साहित्य, जन-सेवा के क्षेत्र की कितनी महिमा-मण्डित मूर्तियाँ इन आँखों ने टूटते देखी हैं, कितनी आस्थाएँ भंग होती देखी हैं। बड़ी खतरनाक उम्र है यह; बड़े समझौते होते हैं, सफ़ेद बालों के मौसम में। यह सुलह का झण्डा सिर पर लहराने लगा है। यह घोषणा कर रहा है, "अब तक के शत्रुओ! मैंने हथियार डाल दिए हैं। आओ, संधि कर लें।" तो क्या संधि होगी—उनसे जिनसे संघर्ष होता रहा? समझौता होगा, उससे जिसे गलत मानता रहा?

पर आज एकदम ये निर्णायक प्रश्न मेरे सामने क्यों खड़े हो गए? बाल की जड़ गहरी नहीं होती। हृदय से तो उगता नहीं है यह! यह सतही, बेमानी! यौवन सिर्फ काले बालों का नाम नहीं है। यौवन नवीन भाव, नवीन विचार ग्रहण करने की तत्परता का नाम है। यौवन साहस, उत्साह, निभर्यता और खतरे-भरी ज़िन्दगी का नाम है। यौवन लीक से बच निर्भयता की इच्छा का नाम है। और सबसे ऊपर, बेहिचक बेवकूफी करने का नाम यौवन है। मैं बराबर बेवकूफी करता जाता हूँ। यह सफेद झण्डा प्रवंचना है। हिसाब करने की कोई जल्दी नहीं है। सफेद बाल से क्या होता है?

यह सब मैं किसी दूसरे से नहीं कह रहा हूँ, अपने आपको ही समझा रहा हूँ। द्विमुखी संघर्ष है यह—दूसरों को भ्रमित करना और मन को समझाना दूसरों से भय नहीं। सफेद बालों से किसी और का क्या बिगड़ेगा? पर मन तो अपना है। इसे तो समझाना ही पड़ेगा कि भाई, तू परेशान मत हो। अभी ऐसा क्या हो गया है! यह तो पहला ही है। और अगर तू नहीं ढीला होता, तो क्या बिगड़ने वाला है।

पहले सफ़ेद बाल का दिखना एक पर्व है। दशरथ को कान के पास सफ़ेद बाल दिखे तो उन्होंने राम को राजगद्दी देने का संकल्प किया। उनके चार पुत्र थे।

उन्हें देने का सुभीता था। मैं किसे सौंपूँ? कोई कंधा मेरे सामने नहीं है, जिस पर गौरवमय भार रख दूँ। किस पुत्र को सौंपूँ? मेरे एक मित्र के तीन पुत्र हैं। सबेरे यह मेरा दशरथ अपने कुमारों को चुल्लू-चुल्लू पानी मिला दूध बाँटता है। इनके कन्धे ही नहीं हैं—भार कहाँ रखेंगे? बड़े आदमियों के दो तरह के पुत्र होते हैं—वे जो वास्तव में हैं, पर कहलाते नहीं; और वे जो हैं नहीं, पर कहलाते हैं। जो कहलाते हैं, वे धन-सम्पत्ति के मालिक बनते हैं। और जो वास्तव में हैं, वे कहीं पंखा खींचते हैं या बर्तन माँजते हैं। होने से कहलाना ज्यादा लाभदायक है।

अपना कोई पुत्र नहीं। होता तो मुश्किल में पड़ जाते। क्या देते? राजपाट के दिन गए, धन-दौलत के दिन हैं। पर पास ऐसा कुछ नहीं है, जो उठाकर दे दिया जाए। न उत्तराधिकारी है, न उसका प्राप्य। वह पर्व क्या बिना दिए चला जाएगा।

पर हम क्या दें? महायुद्ध की छाया में बढ़े हम लोग; हम गरीबी और अभाव में पले लोग; केवल जिजीविषा खाकर जिए हम लोग—हमारी पीढ़ी के बाल तो जन्म से ही सफ़ेद हैं। हमारे पास क्या है? हाँ, भविष्य है, लेकिन वह भी हमारा नहीं, आने वालों का है। तो इतना रंक नहीं हूँ—विराट भविष्य तो है। और अब उत्तराधिकारी की समस्या भी हल हो गई। पुत्र तो पीढ़ियों के होते हैं केवल जन्मदाता किसी का पिता नहीं होता। विराट भविष्य को एक पुत्र ले भी कैसे सकता है? इससे क्या कि कौन किसका पुत्र होगा, कौन किसका पिता कहलाएगा! मेरी पीढ़ी के समस्त पुत्रो! मैं तुम्हें वह भविष्य ही देता हूँ। यद्यपि वह अभी मूर्त नहीं है, पर हम जुटे हैं उसे मूर्त करने में। हम नींव में धँस रहे हैं कि तुम्हारे लिए एक भविष्य रचा जा सके। वह तुम्हारे लिए वर्तमान बनकर ही आएगा। हमारा तो कोई वर्तमान भी नहीं था। मैं तुम्हें भविष्य देता हूँ। और उस देने का अर्थ यह है कि हम अपने आपको दे रहे हैं; क्योंकि उसके निर्माण में अपने आपको मिटा रहे हैं। लो, सफ़ेद बाल दिखने के इस पर्व पर यह तुम्हारा प्राप्य सम्हालो। होने दो हमारे बाल सफ़ेद। हम काम में तो लगे हैं। जानते हैं कि काम बन्द करने व मरने का क्षण एक ही होता है।

हमें तुमसे कुछ नहीं चाहिए। ययाति-जैसे स्वार्थी हम नहीं हैं, जो पुत्र की जवानी लेकर युवा हो गया था। बाल के साथ, उसने मुँह भी काला कर लिया।

हमें तुम से कुछ नहीं चाहिए। हम नींव में धँस रहे हैं, लो, हम तुम्हें कलश देते हैं।

विद्यानिवास मिश्र

वैदिक सूक्तों के गरिमामय उद्‌गम से लेकर लोक गीतों के महासागर तक जिस अविच्छिन्न प्रवाह की उपलब्धि होती है, उस भारतीय भावधारा के पोषक हैं—विद्यानिवास मिश्र। इनका जन्म संवत् 1982 में गोरखपुर जिले में पकड़ीहा गाँव में हुआ। इनके पिता का नाम, पण्डित प्रसिद्धनारायण मिश्र था जो शिक्षा से वकालत में आए और वकालत से विरक्त हो गए। माता श्रीमती गौरा देवी थीं। इण्टर तक की शिक्षा गोरखपुर से ही ग्रहण की तत्पश्चात प्रयाग विश्वविद्यालय से बी.ए. तथा एम.ए. की उपाधि प्राप्त की। संस्कृत साहित्य में एम.ए. किया और पं. क्षेत्रेश चट्टोपाध्याय से अध्ययन की प्रेरणा ली। हिन्दी साहित्य की सेवा की प्रेरणा राहुल सांकृत्यायन से मिली। निबन्ध लेखन में विख्यात विद्यानिवास मिश्र सूचना विभाग के अध्यक्ष भी रहे।

'छितवन की छाँह' ग्रन्थ रूप में मिश्र जी की पहली कृति है। इस संग्रह में अपनी संस्कृति के साथ गहरा जुड़ाव है और गहन मानवीय संवेदना भी जो निबन्ध साहित्य में नये मोड़ की परिचायक है। संस्कृत का पठन-पाठन मिश्र जी के कुल की परम्परा रही परन्तु साथ ही पाश्चात्य साहित्य से भी प्रभावित हुए। राबर्ट लुई स्टीवेंसन, चार्ल्स लैम्ब और स्विफ्ट का इन पर बहुत अधिक प्रभाव पड़ा। बाणभट्ट, भवभूति तथा अभिनवगुप्त की भाषा-शक्ति से भी प्रभावित हुए बिना न रह सके। व्यक्ति प्रधान निबन्धों में विचारतत्व की अनिवार्यता मानते हैं। यद्यपि भारतीयता के प्रबल समर्थक हैं परन्तु विलायती चीजों के आदान से विरोध नहीं है बशर्ते कि उतनी मात्रा में प्रदान करने की अपने में क्षमता भी हो। 'मार्क्स' व 'फ्रायड' के साहित्यिक अवदान को महत्त्वपूर्ण मानते हुए कहते हैं कि अर्थ और काम के विवेचन में इनकी देन महनीय है, इसमें सन्देह नहीं परन्तु जब भारत में इसके अनुकूलन की बात आती है तो ध्यान अपने धर्म की ओर चला जाता है। यहाँ वह

भारतीय संस्कृति के पक्षधर हो जाते हैं।

'गऊचोरी' के अन्तर्गत उसके विभिन्न रूप बताए हैं। गऊचोरी का ही विकसित रूप है–भूमि की चोरी। साहित्य चोरी, इन्द्रिय चोरी आदि गऊचोरी के ही विभिन्न पहलू हैं। लेखक गऊचोरी की समस्या का हल नहीं ढूँढ़ना चाहता अपितु द्रष्टा बना रहना चाहता है। जब तक मनुष्य अपने सिद्धान्तों के आगे बौना बना हुआ है, तब तक यह चोरी घट नहीं सकती। साहित्य की गऊचोरी थम सकती है यदि साहित्यकार शब्द की साधना करके साहित्य लिखने बैठे। विभिन्न प्रकार की गऊचोरी का इलाज भी लेखक अंत में बताता है।

गऊचोरी

बाढ़ उतार पर थी और मैं नाव से गाँव जा रहा था। रास्ता लम्बा था, कुआर की चढ़ती धूप, किसी तरह विषगर्भ दुपहरी काटनी थी, इसलिए माझी से ही बातचीत का सिलसिला जमाया। शहर से लौटने पर गाँव का हाल-चाल पूछना जरूरी-सा हो जाता है, सो मैंने उसी से शुरू किया...'कह सहती, गाँव-गड़ा के हाल चाल कइसन बा।' सहती को भी डाँड़ खेते-खेते ऊब मालूम हो रही थी, बोलने के लिए मुँह खुल गया—'बाबू का बताई, भदई फसिल गंगा मइया ले लिहली, रब्बी के बावग का होई, अबहिन खेत खाली होई तब्बे न, ओहू पर गोरू के हटवले के बड़ा जोर बा, केहू मारे डरन बहरा गोरू नाहीं बाँधत बा, हमार असाढ़ में खरीदल गोई कवनी छोरवा दिहलसि, ओही के तलास में तीनों लरिके बिना दाना पानी कइले पाँच दिन से निकसल बाटें।' इतना कह कर गरीब आदमी सुबकने लगा। कुछ सान्त्वना देने की गरज से मैंने पूछा—'कहीं कुछ सोरिपता नाहीं लगत बा। फलाने बाबा के गोड़ नाहीं पुजल?' जवाब में वह यकायक क्रोध में फनफना उठा—'बाबू रउरहू अनजान बनि जाईलें। माँगत त बाटें तीन सैकड़ा, कहाँ से घर-दुआर बेंचि के एतना रुपया जुटाईं। सब इनही के माया हवे, एही के बजरिये बा'। तब सोचा हाँ, जो त्राता है वही तो भक्षक भी है। गऊ चुराने वाला गोभक्षक नहीं गोरक्षक ही तो है। हमारे गाँवों में गऊचोरी से बड़ी शायद कोई समस्या न हो।

सहती माँझी का रोना गाँव-गाँव का रोना है। गऊचोरी के व्यवसाय के कई रूप हैं। पहला रूप है पशुओं को खूँटे से छोड़कर एक ठीहे (अड्डे) से दूसरे ठीहे पर घुमाते रहना जब तक उनका समुचित पनहा (प्रतिकर) किसी माध्यम द्वारा वसूल न हो जाय। इस व्यवसाय के पाँच टुकड़े होते हैं, पहला जो यह संकेतित करता है कि इनके पशु चुराये जायें, दूसरा जो पशु खूँटे से छोड़कर एक गाँव से दूसरे गाँव पहुँचा देता है, तीसरा जो यत्न करता है कि समीप के ठीहे से ही सौदा पटा लिया जाय, चौथा जो चुराये पशु को एक ठीहा से दूसरे ठीहा तक पहुँचाये और पाँचवाँ जो ठीहों का निमन्त्रण तथा चोरी के माल का बँटवारा आदि करे। इसमें पहली, तीसरी और

पाँचवीं कोटि में गाँव के प्रायः सम्भ्रान्त लोग आते हैं, दूसरी श्रेणी में आते हैं मनचले छोकरे और चौथी में पक्के डकैत और लठैत। व्यवसाय इतना सुसंगठित है कि भारतीय दण्ड-विधान की धाराओं की पकड़ में आ ही नहीं सकता।

इस गऊचोरी का विकसित रूप है भूमि की चोरी। दूसरे प्रान्त की बात नहीं जानता पर अपने प्रान्त में ज़मीन की शायद उन्नीस-बीस किस्में होती हैं और कागद में किस्मों की हेर-फेर के साथ अनपढ़ किसान की किस्मत की हेर-फेर हुआ करती है। इस कागदी चोरी में भी पाँच हिस्सेदार होते रहे हैं, पटवारी, जमींदार, जो शायद अब भूमिधर कहलाने जा रहे हैं, जमींदार के पिट्ठू चरकटे, नये कमासुत जवान और गाँव के साहू। सिलसिला यों चलता है, कोई बेवा हुई या कोई उजबक लापरवाह किसान हुआ, उसकी सूचना चरकंटे पटवारी और जमींदार को देते हैं, बस पटवारी और जमींदार मिलकर जाल रचते हैं, जाल में फँसाये जाते हैं आराकसी से कमा कर नया रुपया लाये गबरू जवान। मुंशी जी मिश्री घोल कर कहते हैं—'परदेसी, का ताकत बाट अइसन नम्मर एक के जमीन हजार रुपया बिगहा पर नाहीं पइब, रुपया केहु लगे रहि जाला, कुछ गोसयाँ के चढ़ाव त तुहार भाग चमकि जाय।' चरकटे परदेसी को और चंग पर चढ़ाते हैं फिर वह नशे में बुत्त होकर बातचीत शुरू करता है, तब जाकर मेघ गम्भीर स्वर में प्रभु की वाणी खुलती है—मुझे चार सौ रुपये अमुक से मिल रहे थे, पर मैंने देखा वह गाँजा पीता है, धरती मैया की इज्जत नहीं रक्खेगा, इसलिए साफ इनकार कर दिया, तुम मिहनती आदमी हो, बराबर सेवा में लगे रहते हो, तुम्हें साढ़े तीन सौ रुपये में ही दे दिया जायेगा। इतने में पोपले मुँह वाले मुंशी जी चश्मे की कमानी उतार कर गिद्ध की तरह घेंच निकालते हैं—हें हें, मालिक कुछ कलमियों के त पूजा चाहीं, एही के जोर से सब करे धरे के हैं, कानूनगो बड़ा सरकश बा, नटई दबा के हमसे पचास रुपया ले लेई, ऐसे एक सैकड़ा के गोर हमारा लगा दीहल जाय। अन्त में शायद कुल चार सौ पर सौदा पटता है, इतना रुपया परदेसी के पास रहता तो है नहीं, विवश होकर फेंकू साहु की उदारता की शरण में उसे जाना पड़ता है। पहले से उनकी साँठ-गाँठ भी रहती है। रुपये का बाकायदा बँटवारा होता है, परदेसी को बेवा से छीन कर ज़मीन क्या दी जाती है उसके पैर में सात जनम में भी न अदा होने वाले कर्ज की जंजीर बाँध दी जाती है, बेवा एक ओर जार-बेज़ार रोती है, ज़मीन एक ओर रोती है क्योंकि परदेसी को उसके नाम पर परदेसी ही हो जाना पड़ता है, फेंकू साहु अलग झींकते हैं कि रुपया डूब गया। अन्त में उस ज़मीन पर दूसरी चिड़िया फँसायी जाती है और अनन्त काल तक यह छोरा-छोरी चलती रहती है।

हाँ गाँव में पटवारी के दरवाजे पर 'अधिक अन्न उपजाओ' आन्दोलन के पर्चे

और पोस्टर चिपके मिलते हैं–

परती जमीन छोड़ना गुनाह है।

खेत न कमाना देश के साथ विश्वासघात है।

पर कभी किसी ने सोचा है कि अधिक अन्न उपजाने में बाधक कौन है? वही पैंतीस या चालीस रुपिल्ली के बल पर इस महँगी में पक्का मकान बनवाने वाला पटवारी। सोने की चिड़िया को हलाल करने के लिए अंग्रेजों ने पटवारी-प्रथा चलायी। आज उस चिड़िया की बोटी भर रह गयी है, पर उस बोटी को भी पसाने के लिए पटवारी तैयार हैं। हमारे यहाँ पृथ्वी की उपमा सदा गऊ से दी गयी है, सो सचमुच गऊ जितना अपने चोर से काँपती होगी उससे अधिक पृथ्वी अपने इस पटवारी से काँपती है। गऊ जब चोरी चली जाती है, तो उसे भरपेट घास नहीं मिलती, दाना की बात तो दूर रखिए। इधर-उधर एक खोह से दूसरे खोह में ठोकर खाते, अन्त में जब उससे कुछ तिरने वाला नहीं रहता तो वह कस्साई के हाथ बेच दी जाती है। यही हालत चुरायी हुई ज़मीन की होती है। एक मालिक से दूसरे मालिक के पास, पर किसी से भी दुलार-पुंचकार कहाँ से मिलेगा, कमाई नहीं मिलती। अन्त में कोई लम्बा साफा वाला पंजाबी भट्ठा लगाने के लिए उसे ले लेता है, उस धरती की छाती पर भूत-सी चिमनी खड़ी हो जाती है और उस ज़मीन को फूँक डालतो है।

बंकिम बाबू के कमलाकान्त के मत से तो यह गऊचोरी अन्तर्राष्ट्रीय न्याय है, इसके लिए महाभारत के भीष्म से लेकर लास्की तक का प्रमाण मिल सकता है और यही जानकर अलक्षेन्द्र से लेकर आज के जैसे यशस्वियों ने अपना यह पुण्य कर्त्तव्य समझा है कि दुर्बल राष्ट्र का संरक्षण अपने हाथ में ले लिया जाय। जो दुर्बल न भी हो, उसे किसी भेदभाव से दुर्बल बना कर अपना संरक्षित बनने के लिए बाध्य कर दिया जाय, यही राजनीति का परम लक्ष्य है। पटवारी जो छोटे पैमाने पर हमारे गाँव में करता है, वही विराट् पैमाने पर कर रहे हैं बड़े-बड़े स्वनामधन्य राजनीतिज्ञ। काश्मीर और कोरिया को चोरों की छीना-झपटी में श्मशान बना डालने वाली नीति क्या उससे कम श्लाघ्य है? हाँ, दण्ड दोनों नहीं पाते, पटवारी के पास शासन का कवच है, राजनीतिज्ञ के पास सिद्धान्त का कवच है। पटवारी जो कुछ करता है वह सरकार बहादुर के नाम पर, और राजनीतिज्ञ जो कुछ करता है वह सिद्धान्त की रक्षा के नाम पर। दो-दो महायुद्ध पचीस वर्ष के अन्तर में हो गये, केवल जनतन्त्रवाद की रक्षा के नाम पर। यूरोप का मध्य स्वाहा हो गया अमरीकी जनतन्त्र की स्वतंत्रता बनाये रखने के लिए। एशिया तो युगों से धाँय-धाँय सिद्धान्तवादियों की पिशाचिनी ज्वाला में जल रहा है, पर 'मुएहि भारि मंगल चहत'। अब भी इसकी छाती पर दानवीय होड़ लगी हुई है। एशिया भी

गऊचोरों के हाथ से निकलकर कसाइयों की छुरी की भेंट हो चुका है। झगड़ा केवल इस बात का है कि कौन-सी छुरी चलायी जाय?

गऊचोरी की एक चौथी जाति भी है, साहित्य-चोरी। वाणी की भी सीधी और दुधार होने के नाते गौ संज्ञा है, सो इस गौ के पीछे चोर पड़ गये हैं। चोरों का एक गुट ऐसा बन गया है जो साहित्यचोरी की बदौलत बिना खेत-बारी के ही हथियानशीन बन गया है और जिनकी असली मिल्कियत है, वे आज बात-बात के मुहताज हैं। इस गुट में भी कई वर्ग हैं, पहले वर्ग में आते हैं नवसिखुआ ग्रेजुएट जो नौकरी की इधर-उधर तलाश करते जब थक जाते हैं, तो किसी हितैषी के दरवाजे पर पहुँचते हैं, और वे बहुत ही उदार कण्ठ से अनमाँगा वरदान दे देते हैं—जाओ पाठ्यपुस्तक तैयार कर लाओ, कुछ प्रबन्ध करा दिया जाएगा। बस भक्त कैंची और लेई लेकर बैठ जाते हैं और अपने इस हरबा-हथियारों से न जाने कितने वाणी-मन्दिरों में सेंध लगा-लगाकर माल इकट्ठा कर लेते हैं, कुछ ऊपरी नाँव-गाँव की निशानी छील-छाल कर 'संकलित' 'आधारित' 'रूपान्तरित' आदि किस्म-किस्म की लेबुल लगाकर नया मसाला बाजार में बिकने के लिए जुटा देते हैं। अब दूसरे हैं श्री हितैषी जी जो कुछ अपनी प्रतिभा का चमत्कार दिखलाते हैं। आलोचना के बँधे हुए कुछ लच्छे यहाँ वहाँ जोड़ देते हैं और बस साहित्य के आगे कुसुम, सुमन, सौरभ, पराग, चन्द्रिका, कमल, प्रकाश, आलोक और किरण जैसा कोई एक शब्द जोड़ कर साहित्य के विकास में अभिनव श्रीवृद्धि करने का सुयश कमा लेते हैं। तीसरे हैं प्रकाशक जो प्रायः इन पहले दो चोरों का भी गला काटने वाले होते हैं, मौलिक कृति को तो 'न्यौछावर' कराके लेते हैं, पर इन पाठ्य पुस्तकों पर फीसदी देने के लिए हाथ बाँधे तैयार रहते हैं, इनकी मजबूरियों के रोने के आगे फेंकू साहु का सुबकना हल्का पड़ जाय, ऐसा तो इनका रोना लगा रहता है। नौसिखुआ भगत लोगों को तो बस दोने में पनजीरी की प्रसादी भर मिल जाती है। इसके बाद उन्हें मुक्त कर दिया जाता है। हितैषी जी को भी कुछ लुभावने फूल-पत्ती की भेंट एक मुश्त ही मिलती है, पर असली फल का बँटवारा होता है प्रकाशक और दलाल में। दलाल चौथे वर्ग में आते हैं। ये लोग प्रकाशक और पाठ्य पुस्तक समिति के बीच कुटना का काम कर देते हैं, बस इसी परोपकार में अपना जीवन अर्पण किये रहते हैं। प्रकाशक बहुत ही लजीला नायक होता है और पाठ्य पुस्तक समितियाँ प्रायः बहुत ही धृष्ट नायिकायें होती हैं। इस विषमता को दूर करने के लिए ही बिचारे दलाल को मध्यस्थता करनी पड़ती है। सो 'पत्रं पुष्पं फलं तोयम्' में बच रहता है तोयम् भर, अर्थात् छाछ—छाछ समिति के हाथ रहता है। इस चौथी गऊचोरी में पाठ्य पुस्तक समिति पाँचवाँ वर्ग है।

हाँ, इस चौथी गऊचोरी को सभ्य संसार बड़ी आदर दृष्टि से देखता है, जो जितना ही चोरी करता है वह उतना ही पण्डित और विद्वान् समझा जाता है। बिना इस चोरी की कला में प्रवीण हुए किसी साहित्यकार को तत्कालीन इतिहास में स्थान नहीं मिलता, कारण यह है कि तत्कालीन इतिहास को लिखने वाले भी इन चोरों के भाई-बन्धु ही होते हैं, जो छद्म रूप से इस व्यवसाय को प्रोत्साहन देते हैं, वैसे ही जैसे गाँव की पुलिस, हलका के कानूनगो या अन्तर्राष्ट्रीय दार्शनिक अपने-अपने क्षेत्रों में चोरियों को बढ़ावा देते हैं। जो जूठन, कतरन और उतरन के बल पर लोग साहित्य-महारथी बन जाते हैं, और साहित्य के उद्यान में नयी कली चटकाने का जो साहस करते हैं, उन्हें प्रयोगवादी कह कर उड़ा दिया जाता है। अजीब तमाशा यह है कि यहाँ चोरों ने ही साहुओं के लिए वादों का कठघरा तैयार कर दिया है और चोर ही बराबर कोतवाल को डाँड़ते रहते हैं, पटवारी की तरह गोनिया-परकार लेकर अतलस्पर्शी सूक्ष्म भावनाओं की नाप-जोख मनमाने तौर पर करते रहते हैं; आँख से देखे बिना अपने दिमागी नक्शे की बदौलत पैमाइश करते रहते हैं। विधि की विडम्बना कि यही नाप-जोख और यही पैमाइश सही मानी जाती है। इसीलिए दिन-अनुदिन क्षण-प्रतिक्षण इस गऊचोरी का व्यवसाय फूलता-फलता चला जा रहा है। रोक-थाम करने का कोई साहस नहीं कर रहा है।

पाँचवीं गऊ है, आँख या इन्द्रिय, और इसकी चोरी युगों-युगों से होती आयी है, चोरी का टेकनीक भर बदलता रहा है। आँख इन्द्रियों की द्वार है, इसलिए समस्त इन्द्रियाँ उससे एक साथ लक्षित हो जाती है, यहाँ तक कि दस इन्द्रियों से परे मन भी, बिना आँख के भेद लिए मन की चोरी नहीं होती। इस पाँचवीं ग़ऊचोरी का व्यवसाय करने वाले दुनिया की भाषा में 'चितचोर' कहे जाते हैं। पर ये चितचोर गुट नहीं बाँधते, कभी बाँधते भी हैं तो अपनी चोरी के माल का हिसाब-किताब अलग रखते हैं। साझेदारी और सहकारिता की बाढ़ से अभी ये अछूते हैं। अभी तक इनकी चोरी किसी नीतिशास्त्र में गुनाह नहीं गिनी गयी, पर सबसे दर्दनाक चोरी यही है, इसमें भी कोई सन्देह नहीं। ऊपर की चार चोरियों में गया माल कभी उबर भी सके, पर यहाँ जो चीज़ चली गयी, वह फिर वापस नहीं आती। इस चोरी के आगे पिछली चोरियाँ कुछ हैं ही नहीं, क्योंकि वहाँ माल तक ही सवाल है और यहाँ जान का जोखिम है। मनुष्य को माल से बढ़कर जान प्यारी होती है और वह जान इतने अनजाने कब किसी चोर के हाथ लग जाती है, इसका पता किसी को लग नहीं पाता। बैल चोरी चले जाने पर गरीब की खेती खड़ी हो सकती है, ज़मीन चोरी चली जाने पर बेवा को जिन्दगी बसर हो सकती है, राज्य छिन जाने पर राष्ट्र जी सकता है और अपनी कृति की चोरी के बाद साहित्यकार

में भी प्राण-शक्ति बची रह सकती है, पर चित्त चुरा लिया गया तो प्राण नहीं रहते। तब भी अचरज तो यह है कि इस चोरी की क्षति को जान कर भी लोग अपना घर-द्वार खुला छोड़े रहते हैं, मानो प्रतिक्षण चोरों को चुनौती-सा देते हों, जिनका चित्त कभी चोरी नहीं जाता, वे अपने भाग नहीं सराहते, उलटे अपनी हीनता के लिए रोते हैं कि हाय चोर को ललचाने वाला चित्त मुझे न मिला।

हाँ, इतना तो मैं भी कहूँगा कि सभी को चोर लायक चित्त नहीं मिलता और सभी को चितचोर नहीं मिलते। मैं पाँचों चोरियों में रमा हूँ, इनकी उत्तरोत्तर सूक्ष्मता और उत्कृष्टता का मैंने पूरा अध्ययन किया है पर मैं सब जगह तो बचने का साधन ढूँढ़ निकाल सका, केवल इस अन्तिम क्षेत्र में खुद गच्चा में आ गया। बचते-बचते एकदम लुट गया, इससे जानता हूँ कि यह पाँचवीं गऊचोरी सबसे अधिक दुर्दान्त होती है। बैल-गोरू छोरने वाला चोर तो भोंड़ा चोर है, बहुत संगठित होने पर भी उसकी पिटाई भी होती है, सज़ा भी होती है, और दुर्दशा भी होती है। ज़मीन चुराने वाले भी कभी न कभी पकड़ में आ ही जाते हैं और न भी पकड़ में आयें तो उनके सिर के ऊपर हमेशा कच्चे धागे में कानून की तलवार लटकती रहती है, ज़िन्दगी उनकी घूस लेने और देने में ही तमाम हो जाती है। राज्यों के साथ खिलवाड़ करने वालों को तो और भी अधिक दुर्दशा भोगनी पड़ती है, अपने ही जीवनकाल में वे अपने ही साथियों से प्रतिहत होकर अपमान की रोटी खाने को बाध्य हो जाते हैं, सिद्धान्त तो दल के साथ बदलते जाते हैं, पर सिद्धान्तवादी बिचारा कहीं का नहीं रहता, यदि दूसरा दल सत्तारूढ़ हो जाता है। साहित्य की चोरी करने वाले भी अन्त में मरते ही या तो विस्मृति के अन्धगर्त में ही डूब जाते हैं और या बचे भी रहे तो चोरी का कलंक अनन्त काल तक ढोते रहते हैं परन्तु चित्त चुराने वालों की कुछ भी तो दुर्दशा होती? उल्टे वे साहित्य के अमर देवता बन जाते हैं, भारती के मुकुट-मणि बन जाते हैं और लोक-कल्पना के परम आराध्य। यही तो मुझे दुःख है कि चोरी के बल पर भी ऐसा उत्कर्ष मिल जाता है तो साह होने से लाभ ही क्या? क्या सचमुच दुनिया चोरों की है? 'वीरभोग्या वसुन्धरा' कहने का अभिप्राय तब तो यही है न कि चोरी से बढ़ कर कोई वीरता नहीं? 'साहसिकश्चौरः' साहसिक चोर का पर्याय होता है, सो इसीलिए चोरी से बढ़कर साहस की कहीं जरूरत नहीं होती, सो भी जहाँ तक मैं समझता हूँ कि चितचोरी में शायद सबसे अधिक साहस की जरूरत पड़ती है। तब तो चितचोरी की यह कला कहीं से सीखनी चाहिए। पिछली चार गऊचोरियों को मूर्ख लोगों के लिए छोड़ दिया जा सकता है पर जो यह पाँचवीं सिद्ध चोरी है, उसके लिए कोई देवी-देवता पूजना चाहिए।

हमारे यहाँ इसके देवी-देवता हैं राधाकृष्ण। राधा का नाम पहले इसीलिए कि

पहले कृष्ण की आराधिका बन कर धीरे-धीरे उन्होंने चोरों के अगुवा इन महापुरुष का भी चित चुरा लिया। हाथ की सफाई हो तो ऐसी हो। कृष्ण तो जन्म से ही चोर थे, नाम ही ठहरा कृष्ण अर्थात् 'कर्षतीति कृष्णः' खींचने वाला। गोरू-बछरू छोरना-छिटकाना बाद में उन्हें आया, गोरस चुराना पहले से ही उन्हें सिद्ध था। ज़मीन की भी कम चोरी उन्होंने नहीं की, व्रज की भूमि ही चोरी की भूमि है। ब्रह्मा उन्हें चोरी में छकाने चले, खुद छक गए। राज्य चोरी करते कराते तो उनका सारा जीवन बीता और रही साहित्य चोरी की बात, तो वेदों का सार मथवा कर उन्होंने गीता में चुरा कर रख दिया, ऐसी साफ चोरी करने का साहस ही किसी ने न किया होगा। इन सारी किस्म की चोरियों में हाथ माँजकर वे चितचोरी में लगे और फिर इसमें भी कमाल कर दिखाया। किसका चित्त बचा जो उन्होंने खींच न लिया हो? समस्त जड़ चेतन जगत् का चित्त खींच कर ही वे 'साक्षान्मन्मथमन्मथः' कहलाये। पर हाय री विधि विडम्बना अन्त में एक गँवार अहीर की छोहरी ने उनको भी छका दिया और जिसे कोई भी सम्बन्ध, कोई भी ममता तनिक भी बाँध नहीं सकी, जिसे कोई भी कुहक लुभा नहीं सका, जिसे कोई भी शक्ति अपनी ओर खींच नहीं सकी, वह एक सीधी-सादी बालिका की मुट्ठी में हो गया, ऐसी अनहोनी बात होकर ही रही। सो मैं गऊचोरी की आराध्य देवी राधा के पास जाऊँ, तभी इस कला की कणिका प्राप्त हो सकती है। स्वयं चोर न बन सकूँ, तो कम से कम चोरी का रसज्ञ तो बन सकूँ।

चोर बनना भी मैं नहीं चाहता, साह बनकर चोर को न्यौतना भर चाहता हूँ और चोरी का रस लेना चाहता हूँ, चोर बन जाने पर रस कहाँ से मिलेगा? गऊचोरी की समस्या का हल निकालना भी मेरा काम नहीं। मैं द्रष्टा बना रहना चाहता हूँ, कर्त्तव्य की चाह मुझे तनिक भी नहीं है। जानता हूँ, जब तक खेतिहर सरकार न होगी तब तक न तो बैल की ही चोरी बन्द होगी न ज़मीन ही की चोरी। यह भी जानता हूँ कि राज्यों की छीना-झपटी भी तभी बन्द होगी जब सिद्धान्त मनुष्य के छोटे हो जायँगे। जब तक मनुष्य अपने बनाये हुए सिद्धान्तों के आगे बौना बना हुआ है, तब तक यह चोरी घट नहीं सकती। साहित्य की गऊ चोरी की रोक-थाम्ह भी हो सकती है यदि साहित्यकार शब्द की साधना करके साहित्य लिखने बैठे, जब तक वह शब्द में अपना व्यक्तित्व निविष्ट नहीं कर पाता, तब तक वह चोरी से अपना बचाव कर नहीं सकता। पर चित्त की चोरी का एक ही इलाज है, किसी छोटे चितचोर के हाथ चित्त जान बूझ कर गवाँ देने के पहले चितचोरों के चितचोर को न्यौता दे देना। सो 'चौराग्रगण्यं पुरुषं नमामि' चोरों के अग्रण्य महापुरुष कृष्ण की वन्दना करता हूँ, उनकी गऊचोरी की रसविन्दु माँगता हूँ, जिससे छोटे गऊचोरों को मैं धता बताता रहूँ।

कुबेरनाथ राय

परम्परा और शास्त्र के साथ लोकमत और लोकसंस्कृति को जोड़कर देखने वाले व्यक्तिव्यंजक निबन्धकार कुबेरनाथ राय का जन्म सन् 1935 में गाजीपुर के मत्सा नामक गाँव में हुआ। कुबेरनाथ राय शुद्ध रूप से निबन्धकार हैं। 'प्रिया नील कंठी', 'कामधेनु', 'महाकवि की तर्जनी', 'किरात नदी में चन्द्र मधु तथा पर्णमुकुट', 'रस आखेटक', 'गन्धमादन', 'विषादयोग' आदि इनके प्रसिद्ध निबन्ध संग्रह हैं। अपनी किसी भी बात की प्रस्तुति के लिए व्यक्तिव्यंजकता का सहारा लेते हैं चाहे वह उत्तर प्रदेश के जनपदों की जातियों का लेखा प्रस्तुत कर रहे हों अथवा संस्कृति के स्वरूप का विश्लेषण। परम्परा व लोक शास्त्र को साथ लेकर चलते हैं और इसके लिए संस्कृत ग्रंथों से उद्धरणों का चयन कहते हैं। प्रतीक एवं मिथकों की भी रचना करते चलते हैं क्योंकि लोकमत व लोकसंस्कृति को भी उपेक्षित नहीं होने देते। संस्कृत के साथ-साथ ग्रीस व यूनान के साहित्य, संस्कृति व विश्वासों के सन्दर्भों का भी चित्रण करते हैं। यद्यपि ये सन्दर्भ सामान्य पाठक को रोचक प्रतीत नहीं होते परन्तु कहीं-कहीं कथात्मकता का सहारा लेकर ये उन्हें रोचक बना डालते हैं। पाश्चात्य संस्कृति के मिथकों का संदर्भ भी प्रायः इनकी रचनाओं में आता है परन्तु नए जीवन सन्दर्भों में उनकी व्याख्या करते हैं। कहीं तो पाठक इन सन्दर्भों को सहजता से समझ लेता है और कहीं वह विस्मय से भर उठता है परन्तु फिर भी सहजता व रोचकता बनी रहती है। भारतीय सभ्यता एवं संस्कृति के प्रति अटूट आस्था रखते हैं अतएव भारतीय संस्कृति की व्याख्या करना उनका लक्ष्य जान पड़ता है। भारतीय जीवन सन्दर्भों की नए सिरे से व्याख्या भी कुबेरनाथ राय प्रायः अपने निबन्धों में करते हैं।

'शरद-बांसुरी और विपन्न मराल' में लेखक की रागात्मकता दृष्टिगोचर होती

है। लेखक का मन परिवेश की रमणीयता पर मुग्ध है। संस्कृत साहित्य व भारतीय जीवन का व्यापक अध्ययन, प्रतीक विधान की प्रवृत्ति और जीवन के प्रति रागात्मक दृष्टिकोण इस निबन्ध की विशिष्टता है। निबन्धों की भाषा में अंग्रेजी के शब्द व वाक्य भी आ जाते हैं। वाक्यों की रचना ग्रन्थों की अपेक्षा लम्बी है। भाषा तत्सम प्रधान है।

शरद-बाँसुरी और विपन्न मराल

वासंती पूर्णिमा को मैं 'महाश्वेता' कह कर पुकारता हूँ और शरद पूर्णिमा को 'शुक्ला'। मैं जानता हूँ कि यह शरद पूर्णिमा एक अनामा षोडशी है, सरस्वती जैसा जिसका रूप है, लक्ष्मी जैसा जिसका हृदय है, पार्वती जैसा जिसका मन है, फिर भी मानस में रमण करने वाली इस अमृता अनामा पारमिता वधू को पहचानने के लिए एक नाम देना ही पड़ता है। बिना नाम के रूप साक्षात् नयन सम्मुख रहने पर भी निर्गुण रह जाता है। स्टेशन, मेले-ठेले, बाजार में निरन्तर साक्षात् होने वाले रूपों की तरह एक निर्गुणता इससे जुड़ी रहती है। रूप के अनुभव को हृदय से लगाने के लिए उसे एक नाम देना ही पड़ता है। कटु-कुटिल काक-उलूक-गण आकर्ण विस्फारित शृगाल-मुस्कान द्वारा मेरे नामकरण पर टिप्पणी लिखेंगे तो लिखें, पर इस अपूर्व राका को पहचानने के लिए मुझे मन-ही-मन सही, पर कहना ही है : 'ओ महाश्वेता, ओ शुक्ला, ओ अनुपमा, ओ प्रेमिका!' अन्यथा मेरे अनुभवव का निस्तार नहीं होगा, मेरा मन मुझे क्षमा नहीं करेगा, मुझसे रूठ जाएगा, मुझसे बोलेगा नहीं, अनशन कर बैठेगा, निर्मम हो उठेगा। तो भीतर-भीतर इतना रक्तपात कौन करावेगा? यह तो नाम ही है जो स्मृति की वीणा पर बजता है और व्यथा का, दबाव का, जहर का, पातक का, विरेचन या 'कैथार्सिस' करता रहता है। जो पहले, मात्र क्षण भर पहले ज्योत्स्ना रात्रि थी, एक घटना थी, एक निर्मल काल-प्रवाह थी, एक निर्गुण निर्वैयक्तिक अनुभव थी। ज्यों ही मैंने पुकारा : 'ओ मेरी अनुपमा, ओ मेरी शुक्ला' कि वह रात्रि वधू बनकर सम्मुख साक्षात् हो गयी। आखिर ईश्वर-साक्षात्कार की भी तो यही शैली है जो असीम है, अनाम है, निर्गुण है उसे हम नाम देते हैं और वह मारे कृतज्ञता के, देह धारण कर उतर आता है हमारे बीच और वंशी बजा जाता है या सलीब पर झूल जाता है। शरद पूर्णिमा की संध्या को जब नदी शान्त बहती है, अगाध गभीर, पर निर्मल प्रसन्न जल में मीन सुखी रहता है, पारदर्शक झिरझिर हवा सृष्टि को आकाश के नीलाभ हृदय का सारा समाचार कह जाती है,

तब मेरी विद्या, जो दिवस के प्रकाश में तेजोमय थी, स्वाहा-रूपिणी थी, उत्तप्त-प्रखर चढ़ बांक बनी शासन कर रही थी अचानक अस्ताचल के कमरे में वस्त्र बदलने के लिए भीतर जाती है और कुछ क्षण बाद संध्या का एकेश्वरी तारा-दीप रख जाती है और मैं उस एकेश्वरी दीप की ओर न देख कर उसके नये परिवर्तित शुक्ल धवल रूप को देखता रह जाता हूँ और बरामदे में ईजी चेयर पर लेटे-लेटे मुझे लगता है कि मेरी विद्या, मेरी सरस्वती का पूर्व दिशा में उगती ज्योत्स्ना के साथ एकाकार हो गया है। और तब मैं कहने के लिए बाध्य हो जाता हूँ, "ओह, पहचान गया यह रात्रि नहीं, यह मेरी विद्या है, यह तो बहू ही है, इसका नाम है शुक्ला सरस्वती!" और इसके पूर्व कि उलूक व्यंग्यपूर्वक कहे कि "हाँ, हाँ, कहते क्यों नहीं, शुक्ला श्रीवास्तव या शुक्ला बरुआ..." और काक अपना काला गाउन सँभालते हुए तर्जनी उठाकर व्यंग्य-विद्रूप-अपमान की अदालत में मुझसे जिरह करता प्रारम्भ करे, कि मैं अपनी बगल में खड़ा पाता हूँ फूटे काशवना जैसे निर्मल आदिम श्वेतकेश, पवित्र मुखवाले आदिकवि जो कहते हैं, "बिल्कुल सही बात है बेटा! साक्षी है रामचन्द्र और साक्षी हूँ मैं स्वयं। सुनो, श्लोक सुनो—

रात्रि शशांकोदित सौम्य वक्त्रा
तारागणोन्मीलित चारु नेत्रा
ज्योत्स्नां शुक प्रावरणा विभाति
नारीव शुक्लांशुक संवृताङ्गी।

तो, वत्स, तुम ठीक कहते हो। मुझे भी शरद वर्णन के समय लगा था कि यह रात्रि नहीं, ज्योत्स्ना का चीनांशुक पहले नारी है, नारी।" कहते-कहते महाकवि अंतर्धान हो जाते हैं। काक-उलूक दोनों की गर्दन शर्म से झुक जाती है और वे अपने काले गाउनों में मुँह छिपा लेते हैं।

यह कार्तिक की शरद पूर्णिमा है, यह विशाखा नक्षत्र का काल है। पूर्णिमा और विशाखा का अपूर्व संयोग मानो मणिकांचन संयोग पा कमलकिशलय संयोग, अथवा ईश्वर मुख और प्रेमिका मुख का ध्यान-संयोग! अगहन यदि विष्णु-मास है तो कार्तिक लक्ष्मी-मास। कार्तिक की 'कुहू' को लक्ष्मी उत्सव होता है और कार्तिक की 'राका' को राधा-उत्सव यानी रासपूर्णिमा। 'कुहू' और 'राका' दोनों अनार्य शब्द हैं। दोनों निषाद भाषा से आये हैं। निषाद संस्कृति आर्य तेज की प्रखरता के कारण वाष्पीकृत होकर मेघ बन गयी और विदा होने के पूर्व बरस कर गयी। संस्कृत भाषा की सीपी में पड़कर उस संस्कृति की कई सारी बूँदों ने मुक्ताफल का रूप ग्रहण कर लिया।

आज 'राका' और 'कुहू' जैसे अंसख्य मोतियों की अर्थ-कांति और भावछाया

देखकर कौन कहेगा कि ये मोती कभी विजातीय संस्कृति के ढाबर पानी थे? यह शरद राका—यह कार्तिक पूर्णिमा ही शरद का सबसे अनुपम काल है। निर्मल नील शरदाकाश में हँसती हुई राधारूपिणीं राका। श्वेत कच्चे दूध का रंग है, कौमार्य का रंग है, परस्पर समर्पित बिना दाग के निष्पाप दाम्पत्य प्रेम का रंग है, यह सादा है, शांत है और सुखद है। नील वर्ण सबसे व्यापक और सबसे नयन-शीतल रंग है। यह सनातनता और शांति का द्योतक है। निर्मल नील शरदाकाश में श्वेत शुक्ल वर्ण राका इसी से अनुपम हो उठती है। यह श्वेत-कमल की तरह धीरे-धीरे खिलती है। ऐसे धीरे चुप-चुप कि अभी इसका कहीं नामोनिशान नहीं था। अन्धकार की छाया में हम बातें कर रहे थे कि अचानक पाते हैं कि यह चाँदनी हमारे आसपास, हमारे पीठ पीछे सब जगह छा गयी है। हम सब इसकी रूप-धारा में डूब गये हैं। यह शुभ्र राका श्वेत पुण्डरीक की तरह दल-प्रति-दल जैसे-जैसे रात बीतती जाती है, खिलती जाती है।

सामान्यतः अहोरात्र का मान नौ सौ कला के बराबर होता है। कार्तिक पूर्णिमा की रात करीब तेरह घण्टे की होती है। अतः यह लगभग चार सौ चौरासी कला के बराबर आती है और सोलह कला रास-अभिसार के पूर्व राग का प्रतीक संध्या अरुणिमा का काल है। इस प्रकार रास पूर्णिमा का समय मान कुल पाँच सौ कला के करीब ठहरता है। प्रत्येक कला के आगमन के साथ दो-दो दल खिलते हैं। एक राधा के प्रति, दूसरा कृष्ण के प्रति और इस प्रकार यह राका एक सहस्र दल पुंडरीक बन जाती है। यह पवित्र राका निशा एक सहस्र दल महा सौगंधिक कमल है, जिसे महाकाल राधा और कृष्ण की वंदना में प्रतिवर्ष समर्पित करता है। इसी से लगता है कि इस शरद राका में, कार्तिक की इस महाज्योत्स्ना में सृष्टि के सारे लघुपातकों, महापातकों का अवसान हो गया है; गोया यह ज्योत्स्ना न होकर सहस्रधारा देवनदी हो। 'शरदातप निसि ससि अपहरई' इसी कार्तिक पूर्णिमा के लिए सार्थक है।

यह ज्योत्स्ना दिवस के जहरीले आतप का सारा असर खींच लेती है, मन के सारे पातक धुल जाते हैं और सारी ग्लानि कट जाती है, क्योंकि प्रत्येक सुन्दर और पवित्र चेहरे में अमृता कला का निवास होता है और ऐसा चेहरा एक दृष्टि में ही सारे पाप-ताप हानि को खींच लेता है। यह कोई आवश्यक नहीं कि यह परिचित चेहरा ही हो। अपरिचय की तप्त कोलतार सड़क के मध्य कोई एक मृणाल अचानक उगता है, अचानक उसके शीर्ष पर एक कमल फूटता है और तप्त दुपहरी में भी देखने वाले की आँख शीतल हो जाती है। सृष्टि-विधान इतना मोहक, इतनी दया-माया से भरा न हो तो जीना ही मुश्किल हो जाय। वह तो बूँद भर

मिले या अंजुली भर; पर कुछ-न-कुछ मिल जाता है अवश्य, राव से रंक तक सभी को। पर बूँद भर, पसर-भर या अंजुरी-भर ही।

शांति और सुख की अविच्छिन्न धारा, आनन्द का नित्य अखण्ड प्रवाह इस अनित्य भूमि धरती पर सम्भव नहीं। यहाँ पर नित्य अखण्ड रस का शांति और सुख के अविच्छिन्न प्रवाह का 'क्षण अनुभव' या आभास मात्र ही होता है और आज की राका रात्रि इस आभास के सहस्रदल कमल को प्रस्तुत करती है।

यह रास पूर्णिमा किसी दूर के चिन्मय लोक में बहने वाले अखण्ड आनन्द प्रवाह या लीला नृत्य का प्रतिबिम्ब है। षोड्श ज्योति कलाओं से चन्द्रमा इसी खण्डित पर मानवोत्तर ईश्वरीय अनुभव की आरती रात-भर उतारता है। सहस्राब्दियों पूर्व यमुना पुलिन पर इस महारास का प्राकृतिक अवतरण हुआ था और तब से प्रतिवर्ष एक बार शरद की शुक्ल पूर्णिमा को दूसरी बार बसंत की महाश्वेता पूर्णिमा को दो बार 'मधुर-मधुर रस साज, मधुर वृन्दावन मांझ' की स्मृति हमें हो आती है। वर्ष में दो बार सारी धरती क्या प्रत्येक पुरुष-नारी का हृदय वृन्दावना बन जाता है। जयदेव का 'गीतगोविंदम्' वासंती रामलीला का गान करता है और श्रीमद्भागवत शारदीय का, पर दोनों की भावभूमि एक ही है। अवश्य ही श्रीमद्भागवत में 'राधा' का नाम नहीं, सिर्फ गोपियाँ ही गोपियाँ हैं, पर जयदेव की वासंतीरास राधा और कृष्ण की रास है।

यहीं पर मन में एक खटका होता है और आधुनिक पंडितों के अटकलों का स्मरण हो जाता है। उनके अनुसार राधा परवर्ती काल की कल्पना हैं। वे आभीर लोककथाओं में कहीं पर थीं और श्रीमद्भागवत की रचना के बाद 10वीं शती के करीब या उसके भी बाद भारतीय कल्पनालोक में उनका अवतरण हुआ निर्मल पूर्णिमा की तरह। श्री नलिनी मोहन सान्याल द्वारा उठाया गया प्रश्न-चिन्ह अब भी शशिभूषण दासगुप्ता के 'राधा का क्रम विकास' तक प्रश्न चिह्न ही है। ब्रह्मवैवर्त्त पुराण, जो राधा को केन्द्र में करके लिखा गया है, बहुत बाद की संभवतः 15वीं, 16वीं शती की रचना है। वे सारी बातें आज वैष्णव धर्म के विद्यार्थी के लिए सामान्य चर्चा बन गयी हैं। एक तरह से मान लिया गया है कि राधा परवर्ती कल्पना है। परन्तु यहाँ पर प्रश्न यह उठता है कि निंबार्काचार्य, जिन्होंने चैतन्य से पूर्व राधा-उपासना की नींव डाली थी, केवल आभीर लोकगीतों की एक नायिका से इतना प्रभावित कैसे हुए? दक्षिण भारत के इस इतने विदग्ध शास्त्रज्ञ ने क्या अपनी उपासना का केन्द्र बिना सनातन शास्त्रों की छानबीन किये ही यों ही लोकपरम्परा पर ही आधारित कर दिया होगा? जो कोई व्यक्ति इन शास्त्रज्ञों के स्वभाव तथा शब्द-शब्द को श्रुति प्रमाण पर आधारित करने की इनकी आदत को जानता है, वह

कभी भी ऐसी लचर कल्पना पर विश्वास न करेगा। निश्चय ही, निस्संदेह 'राधा' के पीछे कोई बड़ी पुरानी शास्त्रीय परम्परा रही होगी। हो सकता है कि यह परम्परा गुह्य वैष्णव तंत्रोपासना एवं वैष्णव आगम पद्धति में शिष्य-प्रतिशिष्य गुप्त और सुरक्षित रखी जाती रही हो; पर कोई परम्परा थी अवश्य।

राधा को 'ह्लादिनी की शक्ति' का प्रतीक मानकर कोई तंत्र अवश्य बहुत पुराने काल से अखंडित ढंग से चलता था। तभी निंबार्काचार्य जैसे पण्डित ने इससे प्रभावित होकर अपनी साधना के केन्द्रबिन्दु में इसे प्रतिष्ठित किया। क्या राधा का चरित्र तथा मनोविज्ञान की दुर्गम रहस्यमयी प्रक्रियाओं पर आधारित उस चरित्र का गहरा प्रतीकात्मक अर्थ 'ह्लादिनी शक्ति' इस बात का संकेत नहीं करता कि यह मात्र लौकिक प्रेम-कथा की नायिका नहीं और यह मात्र 10वीं शती की उपज नहीं?

इस विषय पर थोड़ा-सा प्रकाश प्राप्त हुआ है—प्रसिद्ध बंगाली वैष्णव शास्त्रज्ञ हरेकृष्ण मुख़ोपाध्याय के द्वारा। उन्होंने बताया है कि 'विशाखा' राधा का ही दूसरा नाम है। विशाखा के बाद आने वाले नक्षत्र का नाम है 'अनुराधा'। 'राधा' नक्षत्र का जब आकाश में उदय होता है तो शारदीया रास पूर्णिमा अवतरित होती है। शारदीया रास पूर्णिमा में 'राधा' नक्षत्र रूप से आकाश में स्थित है। रास तो एक विश्व-व्यापी लीला नृत्य है, जो मानसिक आह्लादन के रूप में, लोक-लोक में घटित होता है। धरती पर राधा गोपी रूप में, या गोपी गोपी के हृदय में प्रवेश करके प्रत्येक गोपी के रूप में नृत्य करती है और आकाश में राधा नक्षत्र के रूप में असीम सत्ता रूप श्रीकृष्ण के साथ इस विश्वव्यापी आह्लादन की तरंग का स्रोतीकरण और उत्प्रेरण करती है। श्रद्धेय मुखोपाध्याय महाशय अपनी बात के समर्थन के लिए 'अथर्ववेद' और 'वेदांग ज्योतिष' का सहारा लेते हैं। यदि अथर्ववेद और वेदांग ज्योतिष को उतना पुराना न माना जाय जितना वे मानते हैं तो भी ईसा मसीह के जन्म से कुछ शताब्दी पूर्व तो मानना ही होगा—बुद्ध का समकालीन या उससे भी पूर्व। उन्हीं के शब्दों में उनकी बात रखना ठीक होगा : "स्वर्गीय योगेशचन्द्र विद्यानिधि महाशय के मत से 'वेदांग ज्योतिष' 3,300 वर्ष पूर्व (यानी 1300 ई.पू.) संकलित हुआ है। स्वर्गीय एकेन्द्रनाथ घोष ने मुझसे एक बार बताया था कि 'याजुस ज्योतिष' के सप्तम श्लोक से पता चलता है वेदांग ज्योतिष 3,000 वर्ष पुराना है। उससे भी पूर्व जब महाविषुवत् संक्रांति कृत्तिका नक्षत्र के समीपस्थ थी, वैदिक ऋषिगण समुदाय नक्षत्रमण्डल से परिचित थे।

'अथर्ववेद' (19/7/3) में 'विशाखा' का अपर नाम बताया गया है 'राधा'। 'राधे विशाखेषुध्वानु राधा ज्येष्ठा सुनक्षत्रमरिष्टमूलम्'। 'विशाखा' नक्षत्र के बाद वाले नक्षत्र का नाम 'अनुराधा' भी इसी बात का सूचक है। तैत्तरीय ब्राह्मण में विशाखा-द्वय

को नक्षण गणों की अधिष्ठात्री और त्रिभुवन की श्रेष्ठा गोपी कहा गया है—नक्षत्राणाम् अधिपत्नी विशाखे, श्रेष्ठा विद्राग्नी भुवनस्य गोपी' (3/1/11/1)। इन दोनों श्लोकों से जाना जा सकता है कि 'राधा' और 'गोपी' संज्ञाएँ 4,000 वर्ष पूर्व (अर्थात् 2,000 ई. पू.) के आस-पास से ही ज्ञात चली आ रही हैं।"

और यदि यह बात है तो इससे दो निष्कर्ष निकलते हैं, प्रथम तो यह कि 'राधा' शब्द को मात्र आभीर लोकगीतों की उपज मानना गलत है। यह शब्द उससे भी पूर्व शास्त्रीय महत्त्व पा चुका था। दूसरी बात यह कि यह आम विश्वास कि 'राधा' का दशम शती या हद से हद अष्टम शती के पूर्व कहीं नामलेवा नहीं, यह नितांत भित्तिहीन विश्वास है।

शरद काल आते ही मानस का मराल मुक्ता-भक्षण छोड़कर निकला था वृन्दावन का विचरण करने, रास-आह्लाद का स्वाद लेने, उल्लासवारि में विहार करने, प्रोषितपतिका को धीरज बँधाने 'आवत तोर मन भावना रे एहि कातिक मास', कि रास्ते में काकभुसुंडि ज्ञानगुदड़ी को सीते हुए मिले और राधातत्व की नीरस शास्त्रचर्चा छिड़ गयी, और ज्ञान के परम व्योम में परम पद यानी विष्णु के तृतीय पद तक उड़ान भरने का लालची यह मराल फँस गया उस काक की संगति में जो कभी रामायण पढ़ता था तो आजकल श्रीमद्‌भागवत पढ़ कर अपना अजर कैशोर्य धन्य कर रहा है, उधर प्रोषितपतिका के चरम धीरज का क्षण बीत रहा है, 'सावन गया, आश्विन गया अब अन्तिम धागा चरम सहारा था कार्तिक, वह भी बीत रहा है। यदि कार्तिक खाली गया तो ये चातक, ये मराल, ये खंजन व्यर्थ लौटे, कमल जलाशयों में व्यर्थ प्रस्फुटित हुआ, बलाका आकाश से झूठे ही उतरी, और चित्रा स्वाती के मेघों ने सन्देश की पाल तान कर झूठी सांत्वना ही दी थी। जल जाय ये सब, आग लगे, इस कार्तिक हर वज्र पड़े, और मेरा मानस मराल इस वैष्णव विरह काक को गुनते-गुनते अनुभव करता है कि रस-चर्चा के भीतर-भीतर कहीं पर इस विरह-व्यथा से भी बड़ा एक बृहत्तर निषेध का फलक चुभ कर टूट गया है और छूते ही कहीं कोई रग ऐसी है जो टभक पड़ती है, कहीं कोई अश्रुराशि निरंतर वर्षा की तरह अविराम गिरा रहा है, कहीं कोई है जो दबी-दबी आवाज में चेष्टापूवर्क रोकने पर भी रुदन कर रहा है। और, यह भी रुदन प्रोषित-पतिका की विरह व्यथा से बड़ी किसी बृहत्तर व्यथा का रुदन है। मराल वृंदाविपिन पर कंसों का अधिकार है, मथुरा तो पहले से भी उनकी ही थी। ये कंस बड़े मायावी हैं, कभी मनुस्मृति की कसम खाते हैं तो कभी संविधान की। ये मुट्ठी-मुट्ठी जहर युमना की धारा में छोड़ने का अभियान चला रहे हैं।'

यह है कौन? किसकी व्यथा इस निशीथ को इतना मर्मबेधी बना रही है?

'मराल, मराल, तू लौट जा मानसर में। अरे, दुर्दिन आ गया। तू भीतर देख, तू बाहर देख, तू चतुर्दिक देख। तू जिस अनुराग के प्रसाद को लेने और मुक्तभाव से विचरण करने वृन्दावन जा रहा, वहाँ की प्रोषितपतिका प्रतीक्षा करते-करते दृष्टिहीन होने जा रही है, उसका विश्वास टूट रहा है, उसकी प्रतीति प्रियतम और वृन्दावन दोनों के अस्तित्व में चुक-सी रही है। प्रतीति चुक जाएगी तो प्रीति की मृत्यु निश्चित है। तब कौन पढ़ेगा तेरी प्रेम-पत्रों की डाक को और तब वृन्दा विपिन खांडवदाह से कितने दिन तक बचा रहेगा? तू लौट जा, मानसर को ही आत्मस्थ होकर बचाने की चेष्टा कर।' और यह सुन कर मराल अति व्यथित हो उठता है। ये प्रेम-पत्र जो वृन्दावन के तरुओं, लताओं, समुनों, धेनुओं, मयूरों और यमुना पुलिन को लिखे गये हैं; ये अनुराग सन्देश जिन्हें जगत की प्रोषितपतिकाओं को, जीव-जीव को, सबको प्रसाद के रूप में निर्मल सुख के रूप बाँटना है; आखिर इस सबका क्या होगा? यदि वह मानसर में ही आत्मस्थ होकर दुबक कर दुर्दिन काटने के लिए रह जाय तो ये आकुल प्रेम-पत्र उसे क्या एक क्षण भी विराम या क्षमतापूर्वक जीने देंगे? लगता है कि मराल धीरज खोकर पागल हो जाएगा। वृन्दावन बार-बार उजड़ा, बार-बार बसा, क्योंकि यमुना में प्रीति और प्रतीत की वारिधारा निरन्तर प्रवहमान ही रही। इसी से वृन्दावन के अन्तर की अमृता नाड़ी निष्प्राण न हो पायी। पर यमुना के प्रवाह में ही दुश्मन जहर छोड़ चुका है। प्रतीति मर रही है, प्रतीति डिग गयी है, जहर काम कर रहा है। मराल विकल है, क्या करे? मराल विपन्न है, कहाँ जाय? यमुना में जहर है और परास्त मानसर लौटने में ग्लानि और शाप है। मराल विकल है, विपन्न है।

यों सरोवर-जल तो मराल का घर ही है, पर वह सरोवर की सीमा से प्रतिबद्ध होकर जी नहीं सकता। वह स्वभाव से ही व्योम-विहारी है। नील व्योम-विहारी है। नील व्योम का आकर्षण उसे नदी-नदी, पहाड़-पहाड़, मैदान-मैदान घूमने के लिए मथता रहता है। यद्यपि उसका सहज निवास मानसरोवर या कोई भी सरोवर ही है। यह अजीब-सी बात है कि कमल और मराल प्रवाहमयी नदियों में नहीं रहते। दोनों का सहज निवास स्थित शांत ध्यानस्थ जल में ही रहता है। वैसे ही जैसे संस्कारों का, चरित्र का, और काव्य-कला, शिल्प-दर्शन का विकास ध्यान योग के मध्य ही होता है। ध्यान योग, स्थिरता, स्थित धी-स्थिति की सामूहिक अभिव्यक्ति को हम आधुनिक राजनीति की वेश्याबाजी के चक्कर में आकर भले ही घृणित और अप्रगतिशील मानते हैं तो मानें, पर व्यक्ति और राष्ट्र दोनों के जीवन में इसका महत्त्व उत्पात, इंकलाब और नारेबाजी से अधिक है। संस्कृति, साधना, कला, ज्ञान, सामूहिक विवेक आदि के प्रतीक कमल और मराल सरोवरों के निवासी हैं। ये

घाट-घाट का पानी नहीं पीते और न नदी के पीछे-पीछे विकल लंपट जैसे दौड़ते हैं। तो भी मराल बद्ध, स्थिर जल से प्रतिबद्ध नहीं। सरोवर उसका घर है, पर जन्म कैद या कालापानी नहीं। वह नील परम पद से धरती तक मुक्त विहार करने वाला जीव है। पर कहाँ बहे, कहाँ लगे जैसा यायावर नहीं। ध्यानस्थ मन जैसा शांत सरोवर नाम का उसका एक घर है। वह आवाहनमयी राजनीति की मदोन्मत्त नदी के तट पर भी विचरण कर आता है पर समुद्र का लघु संस्करण है सरोवर, समाज का लघु संस्करण है घर। यह लघु संस्करण धूर्त, महत्त्वहीन और निरर्थक कालनेमियों को भले ही व्यर्थ लगे, पर सजीव सत्ता यही है। इसके उपर्युक्त विराट संस्करण तो भाव-प्रत्यय (आइडिया) मात्र हैं। इसको आहत या बन्दी या देश-निकाला करने पर राष्ट्रीय मन को अंगच्छेद जैसी पीड़ा होगी और जब अंग कटेगा तो निश्चय ही रक्तपात होगा। इसी से मराल सरोवर और परम व्योम के बीच, लघु और विराट के बीच एक तालमेल बैठा कर चलता है। जो केवल विराट की बात करते हैं चाहे वे आदि शंकराचार्य हों या कार्ल मार्क्स, वे नास्तिक हैं, अधूरे हैं, और मनुष्य-निरपेक्ष है। मराल उनका सतीर्थ नहीं। मराल वैष्णव है और मराल 'डेमोक्रेट' है। वह वैष्णव होते हुए भी मीन जैसा अगाध सुख का कीट बनकर नहीं रहता, बल्कि विराट व्योम में विहार करता रहता है। वह 'डेमोक्रेट' है पर 'लैसे फेअर' का समर्थक नहीं।

और आज वह मराल सुन रहा है कि विराट व्योम में वह अछूत रहेगा। वह अस्तित्व बचाना चाहता है तो वह पुराने मानसर की सीमा में अपने को बद्ध करके रखे। बूढ़ा क्षीणकंठ संविधान कैकयी को दो वरदान दे चुका है। मराल का निर्वासन अर्थात् सेक्यूलरिज्म जिसमें प्रतीत-प्रीति की बात करना अपना अवमूल्यन करना है, और दूसरा वर है भरत को राज्याभिषेक अर्थात् समाजवाद। तथ्य तो यह है कि राम और भरत में प्रतीति-प्रीति (जिसे 'धर्म' कहा जाता है) और समाजवाद में आपसी कोई अन्तर्द्वन्द्व नहीं। पर द्वन्द्व रखना चाहती है और रखेगी, यह मंथरा-कैकयी सरीखी सत्ता की राजनीति। इसी से नदी-नदी, स्रोत-स्रोत, सिन्धु-सिन्धु जिनसे होकर प्रतीति और प्रीति देश के अंतर में प्रवाहित थे, मुट्ठी-मुट्ठी जहर दुश्मन छोड़ता जा रहा है। दुश्मन के यान परम व्योम में मुट्ठी-मुट्ठी जहरीले कीटाणु छोड़ रहे हैं, अतः यमुना जहरीली हो गयी है, वृन्दा विपिन पक्षीगणों की लाशों से सड़ रहा है; अतः व्योम में मृत्यु कीट छाये हुए हैं। मराल लोहे के चने मुक्ताफल के अभाव में चबा लेगा। वह क्षीर के अभाव में नीर पीकर रह जाएगा पर व्योम में झपट्टा मारती चीलों ने हुक्म जारी किया है उसे मांसभक्षी भी होना होगा। उसे रक्त-नीर का विवेक सीखना होगा। देस-देस यही दोहाई फिर गई है।

मराल विपन्न हैं, तभी ऊपर से शांत सनातन नील व्योम से विशाखा नक्षत्र के

तारा युग्म हँसकर आशीर्वाद भेजते हैं : 'मराल, तू चिन्ता न कर। समरथ का परवाना लेकर कोई-न-कोई तुम्हें उबारने जाएगा ही। धरती पर पुनर्जन्म हो रहा है, तू घबरा मत।' वह संवाद कार्तिक की महाज्योत्स्ना स्वयं परमपद से उतर कर मराल को, मुझको, वृन्दा विपिन्न को और यमुना को दे जाती है और तब मराल निश्चय कर लेता है कि आगे-आगे दुश्मन नदी-नदी में, स्रोत-स्रोत में, सिन्धु-सिन्धु में, मुट्ठी-मुट्ठी जहर छोड़ता जाएगा, और पीछे-पीछे मराल परमपद से आये हुए विशाखा नक्षत्र की वार्ता कहता जाएगा।